ロジカルゴルフ
スコアアップの方程式

尾林弘太郎

日経プレミアシリーズ

はじめに
「上級ゴルファーのように考えること」がゴルフ上達へのスタートです

私は1962年に東京に生まれ、16歳からゴルフを始め、22歳からレッスン活動をスタートしました。尾崎将司選手や中嶋常幸選手など、多くのトッププロのコーチであった後藤修氏の生徒として経験を積み、教える立場と教わる立場、そして競技者としての経験から、重要なコーチングの技術を学ぶことができました。

そして、22歳でコーチを始めてから27年、どのようにすれば生徒が上達するのかを真剣に考えて日々を送ってきました。1日たりとも疎かにはせず、十分に観察し、研究し、頭を働かせてきました。

こうして、延べ2万人の生徒を教えてきた長い時間の中で、1つの大きな疑問が湧いてきました。

なぜ、同じ情報を伝えて上手くなる人と、そうでない人がいるのだろうか？

教えやすい人と、そうでない人の違いはどこにあるのだろうか?

こうした疑問に、自分のプレーヤーとしての経験、レッスン生だった頃の経験、レッスンをしながらの経験から1つの結論にたどり着きました。

最大の違いは「考え方」にあります。

上達できない停滞ゴルファーは停滞ゴルファーの「考え方」を持ち、シングルになるゴルファーはシングルになる前にシングルの「考え方」を持っていたことを認識しました。

ゴルファーは皆、上手くなるための方法を知りたがりますが、方法論の前に改善しなければならないことがあります。それは「上級ゴルファーのように考えること」です。

停滞ゴルファーは停滞ゴルファーの「考え方」から抜けられないことが、停滞する最大の原因となります。よって、停滞ゴルファーが上達ゴルファーになるためのスタートは「考え方を上級ゴルファーにする」ことなのです。それがゴルファーのレベルアップ速度を飛躍的に高めることを、ゴルフを教える人間として確信しました。

この本に書かれていることは「魔法の方法」ではなく、内面的に上級ゴルファーになるための内容です。上手いゴルファーにとっては当たり前に感じることを、停滞ゴルファーでも当たり前に感じることができるようになれば、確実に上達できます。

私はそれらの事柄を「尾林弘太郎の『ロジカルゴルフ』」として理論的にまとめ上げ、生徒たちに教えて、ゴルフの実力を大幅にアップさせてきました。そこには「魔法の方法」ではなく、「真実の方法」が存在しています。本書『ロジカルゴルフ　スコアアップの方程式』は、私のまとめた『ロジカルゴルフ』における基本的な事柄であり、「ショートメッセージ集」という形式になっています。

さらに具体的な練習法や実戦ラウンドはまた別にたくさんあります。今回は、上達を目指す読者の皆さんに、特に大切な基本的事柄を1つずつしっかりと伝えていこうと思います。

2012年4月

心からレベルアップを望むゴルファーへ

尾林弘太郎

目次

はじめに　「上級ゴルファーのように考えること」が
ゴルフ上達へのスタートです …… 3

第1章　ゴルフの定石 …… 13

1　楽しむことがスタート！ …… 14
2　定石を知ること！ …… 14
3　ゴルフ情報の魔法とは？ …… 15
4　キャリアは年数ではない …… 16
5　最高の才能 …… 17
6　「良いスコア」とは？ …… 20
7　2種類の技術 …… 21
8　2つのスイング課題 …… 22
9　パット技術 …… 23
10　飛距離とターゲット …… 24
11　バーディの取り方 …… 25
12　セオリーからの選択 …… 26
13　飛距離の定義 …… 28
14　考えること、考えないこと …… 30
15　10人分を1人で …… 31
16　原因は複数存在する …… 32
17　距離と1ストローク …… 33
18　飛ばす技術、飛ばさない技術 …… 34
19　遅れの法則 …… 35

第2章　上達に必要な思考的技術 …… 37

1　3タイプのゴルファー …… 38
2　上達ゴルファーとは？ …… 39

3 上達の最短コース……40
4 正解を作り出す……41
5 不幸と失敗の違いは?……43
6 才能は成長力……44
7 偉大なるリアリスト……45
8 考える習慣……47
9 練習は「実験」……48
10 2人の自分を理解する……50
11 最大の武器は「意識」……51
12 素晴らしい技術……53
13 判断基準……54
14 攻撃と守備……56
15 細かく考える習慣……58
16 経験を栄養にする……59
17 「上手くなった」を感じる……60
18 怒っている暇はない……62
19 予測能力……63
20 3つのマネジメント……64
21 上達するための代償……66
22 練習する意味を作る……67
23 目標と練習量……68
24 上達するために捨てるべきもの……69

第3章 スイング技術……71

1 スイング部品……72
2 スイング練習は部品管理から……73
3 トップボール防止確認……74
4 ダフリ防止確認……76
5 スライス防止確認……78
6 フック防止確認……80
7 プッシュ防止確認……82
8 プル防止確認……83

9 シャンク防止確認……84
10 ミスショットの親戚関係……85
11 3種類のナイスショット……86
12 ナイスショットの練習法……87
13 ジャストミート系ナイスショット……89
14 ストレート系ナイスショット……90
15 平行発射系ナイスショット……91
16 部品の調合……92
17 コースでのスイング練習……94
18 ボールをコントロールする……95
19 球筋の定義……97
20 ちょうど良く打ちたい感情……98
21 コピー能力……99
22 結果を忘れる……100
23 スイングが早かったとは?……102
24 飛距離に対する戦略……103
25 レイアウトからのディレクション……104
26 原則部品で修正……106
27 クラブの動きとボールをつなげる……106

第4章 コース戦略技術……109

1 コース戦略とは?……110
2 コースは生き物……111
3 危険察知能力……112
4 刻む理由は2つ……113
5 ライの定義……117
6 風の影響を知る……118
7 結果設定のイメージ……119
8 最高のバンカーショット……120
9 1ストロークで済ませる……122
10 設定内の結果を意識する……123
11 曲がるボールを武器にする……125

12 1ストロークの価値……126
13 打ちたいボールと打てるボール……127
14 打ったボールと実際のボール……128
15 フェアウェイを最大に使う……129
16 曲がったボールで攻める……132
17 良い戦略とは？……133
18 積極的プレーとは？……134
19 原因と結果の管理……136
20 技術は使えること……138
21 感情を管理する……139
22 自分のパー……140
23 戦略は様々……141
24 リスク回避を優先……142
25 林からの脱出……143
26 フェアウェイバンカー……145
27 100点を探すより60点をつなげる……146
28 平均台から落ちない……147
29 最高スコア、最低スコア……149
30 素振りの意味……150
31 スコアと内容……152
32 攻撃的なプレーとは？……153
33 「打てるボール」でプレーする……154

第5章 練習技術……157

1 自分を知る……158
2 3分割分析法……159
3 3つの癖……162
4 ゴルフの特徴……163
5 自分の資質を知る……164
6 メタボリックスコア……165
7 限界スコア……166
8 メモの重要性……168

9 練習の心構え……169
10 逆のウイルスを理解する……170
11 実験からの判断……172
12 技術のレベル……173
13 1球のジャッジ能力……174
14 現実と感覚のギャップ……176
15 修正の近道……177
16 練習の優先順位……178
17 1ランク上の練習……180
18 意識と習慣……181
19 暗譜レベル……182
20 判定法を探す……183
21 同じミスからの脱出……184
22 「違う失敗」をする……186
23 どの方法で上手くなるか？……187
24 練習課題を明確に！……188
25 「自分の癖」を知る……189
26 練習と運動……191
27 スイング部品のネジを締める……192
28 平均値と最大値と最小値……194
29 距離感は「コピー機能」の基準で……195
30 「予習」＝ラウンドの課題を決める……197
31 「復習」＝ラウンドを必ず振り返る……199
32 練習課題を見つける技術……200
33 自分の得意分野を知る……200
34 自分のスタイルを作る……202
おわりに……204

編集／本條 強
写真／大森大祐
本文デザイン／ヤマダジムショ
協力／美浦ゴルフ倶楽部（ＰＧＭ）

第1章　ゴルフの定石

ゴルフでレベルアップするためには、ゴルフの特徴やレベルアップしていく過程を理解する必要があります。上級ゴルファーにとって当たり前のそれらの内容を、停滞ゴルファーは理解していません。具体的な方法の前に勉強すべき大きな事柄が、これから述べる「ゴルフの定石」になります。しっかりと「ゴルフの定石」を理解してから、具体的な練習に進んで欲しいと思います。これが私が提唱する『ロジカルゴルフ』のスタートであり、上達するための大切な基礎となるものです。

1　楽しむことがスタート!

ゴルフが上手くなるにはどんな要素が必要なのでしょうか?

その絶対条件はゴルフが「大好きであること」に尽きます。

練習が楽しい!　コースに出るのが楽しい!　ここがスタートです。

もちろん「エチケット」に注意することを前提とします。

人間は好きではないことに頑張ることはできません。だからこそ、楽しく練習し、楽しくコースでプレーすることを忘れないでください。そのあとで、上達するには何をすべきかを考えましょう!　ますます「ゴルフが好き」になるはずです。

2　定石を知ること!

将棋の大山康晴名人の師匠はアマチュアです。アマチュアがなぜプロの名人を育てることができたのでしょうか?

答えは「定石」にあります。田舎十段の将棋ではなく、プロの定石を徹底的に教えたことが成功の理由です。

ゴルフでも同じことが言えます。90台で上がれるようになるためには「90台の定石」、シングルを目指すなら「シングルプレーヤーの定石」、プロになりたいなら「プロの定石」、そしてメジャーを目指すプロは「メジャーのプロのみが持っている定石」を知ることです。

つまり、自分が目指す「目標の定石」を知ることが重要なのです。

「定石」が先で方法論はその次になることを伝えます。

3 ゴルフ情報の魔法とは?

皆さんが欲しい情報とはどのようなことでしょうか?

「1週間で70台が出る方法」「100球の練習でストレートボールを連発する方法」といったことでしょうか? しかし、このような方法が本当にあるのなら、それは「真の魔法」です。ですが、残念なことに、実際にはそんな方法はありえません。

つまり、読者の方に理解してもらわなければ、ならない事実があります。

「プロやトップアマはもの凄い量の練習をして上手くなった」という事実です。

遠い昔、私自身の練習量ですが、平日に400球〜700球を打ちました。確かに上達しましたが、今思えば何も考えない無駄な練習をたくさんしたように思います。

そこで20年以上のレッスン活動の経験から現在、生徒たちに伝えている内容は、自分がしてきた練習量の20%で上達できるように、ゴルフに必要な情報を整理したものです。

つまり、「真の魔法」とは、練習量を少なくして実力をレベルアップできる情報です。

4　キャリアは年数ではない

「皆さんのゴルフキャリアは?」と尋ねると、ほとんどのゴルファーは年数を答えます。ゴルフ以外でも同じことがいえます。私の「ロジカルゴルフ」でのキャリアは累積の数量を意味します。

ゴルフを始めてから何球の練習をしたのか?　何ラウンドをプレーしたか?　試合でのプレーは何ラウンドか?

停滞ゴルファーは練習量が極めて少ない事実があります。週1回100球の練習と年間5ラウンドで数年経った場合では、少しのレベルアップが現実的成果になります。

そこで、ゴルファーとして完成される経験値を紹介します。練習量では10万球、ラウンド数では100ラウンド！　これを目安に考えてください。毎日140球の練習を2年間、月に2ラウンド行って4年間となります。この練習量をクリアしたときに初めて皆さんの資質が表に現れるのです。

この累積的数値をクリアしたときに「技術の安定期、または停滞期」を感じることだと思います。

このキャリアを越えてからのレベルアップは練習量には比例しません。さらにレベルアップするには「考えた練習&ラウンド」が必要になります。

5　最高の才能

ゴルフのレベルアップを考えるときに絶対不可欠な才能はなんですか？　これは練習できるこ

上手くなる人は練習できる人。広々とした練習場を持つ美浦GCで。

とに尽きます。

一般的なゴルファーの意見ですが、上手くなったゴルファーを見たときに「あの人は才能がある」「自分は才能がないから上手くならない」と、このように発言します。こうしたゴルファーの共通点は「たいした練習をしていない人」です。それに対して天才と言われる人は、間違いなく練習している人です。

世界のホームラン王、王貞治さんを育てた荒川博コーチの言葉です。

「王より素質がある人はたくさんいるが、王より練習できる人はいない」

上達した姿を見ると皆、天才のように感じますが、才能にはたいして差はありません。誰もが上達する才能を持っています。分岐点は練習するか、しないか、です。

つまり、自分の生活ペース（仕事など）を考えながら頑張り、練習スケジュールを組むことが大切です。無理は長続きしないことも付け加えておきます。

6 「良いスコア」とは？

皆さんにとって「良いスコア」の定義とはいかなるものでしょうか？　ベストスコアですか？　それとも平均より良いスコアですか？

「ロジカルゴルフ」での「良いスコア」の定義は、「今日の自分の技術を使って無駄の少ないスコア」です。私は無駄の多いスコアを「メタボリックスコア」と呼んでいますが、レッスン会では「メタボリックスコア」を減らすことが「良いスコアの条件です」とアドバイスします。

例をあげます。ドライバーでOB、打ち直しを3Wでフェアウェイに打てれば、ドライバーを使ったことによる2打の無駄となります。4メートルのパットを1パットのみを狙い、結果は3パット。もしも2パットキープの1パット狙いにして、悪くて2パットだとすれば、ここで1打の無駄となります。

このような「メタボリックスコア」が18ホールで何打あるかをカウントしてみてください。そのスコアを引いたスコアが今日、皆さんが可能だった最高のスコアであり、限界スコアです。限界スコアは状況によって変動しますから、今日の自分の限界を測れることが大切になります。

7 2種類の技術

ゴルフ技術は2種類存在することを伝えます。

一般的に「ゴルフが上手い人」のイメージは「良いスイングでナイスショット」を打てる人でしょう。でも、私の考えは違います。ゴルフが上手い人は「コース戦略」が上手い人です。

一般アマチュアの方の練習は「スイング練習」が大部分を占めているのではないでしょうか？それも確かに1つの技術ですが、スコアアップしたいのであれば、もう1つの技術である「コース戦略」を勉強する必要があります。

多くのアマチュアゴルファーは「自分はボールを上手く打てないからスコアが悪い」と考えます。しかし、スコアがよくないのは、「コース戦略」のレベルが低いことがほとんどです。

練習場シングルと呼ばれている人は「コース戦略」のレベルが低いということになります。上手く打てないときを含めて、スコアメイクが技術なのです。この技術が「コース戦略」です。レッスン会の例を話します。

パット練習ですが、生徒たちには「ラインの読み方講習」をアドバイスします。最終的には読んだ通りに打てるかが勝負ですが、ラインを読まなければよい結果はありえません。

結論ですが、ゴルフは「スイング管理」と「コース戦略」という2つの技術が必要だと理解してください。

8　2つのスイング課題

スイングの練習をするときの目的はどんなことでしょうか?

皆さんは「100点のスイングを作りたい」「ドローボールが打てるスイングを練習したい」といったことを目的にしていませんか?　しかし、このような目的ではいくら練習してもなかなか上達はできません。

スイング練習するときには次の「2種類の目的」を意識して欲しいのです。

1つ目は、1ポイントのスイング修正をしている場合、「ロジカルゴルフ」で言えばスイング部品の練習をしている場合ということになりますが、このときは「~のミスを防ぐ」を目的にしてください。つまり、ナイスショットを求めてはいけないということです。1つのミスを防げれば、それで良しとする練習です。

次は組み合わせ練習です。コースに出る前は、この練習が重要になります。これは「2つ以上のミスを防ぐ組み合わせ」を行って、ナイスショットに近づけることを目的にします。大きく分けると上記の2種類が練習の目的になることを理解してください。

皆さんのスイング練習は、「1つの部品練習」なのか、それとも「組み合わせ練習」なのか、それを明確にしてください。そうすれば効率の良い練習ができるようになります。

9　パット技術

パットの練習課題は4項目です。

状況判断要素として次の2つがあります。

①発射ラインを決める

②距離感を決める

そして、実行力として次の2つがあります。

①発射ラインに出す

②距離感を作り出す

実際のプレーでは、「アドレス前のルーティン」を含めての手順自体が技術になります。方法は無数に存在しますが、4項目は普遍です。皆さんが信じる方法で各項目を練習することがレベルアップへの道です。

ルーティン&素振りに意味を持たせることも非常に重要になります。

10 飛距離とターゲット

ゴルフの基本的特徴は「飛距離」と「ターゲット」です。

つまり、最高の精度が問われるのが「パット」であり、次が「アプローチ」、その次がグリーンを狙うショットです。そして、一番広いエリアを目標とするのが基本的にはティショット（絶対ではないですが）となります。

つまり、長距離の1打はターゲットが広く、カップに向かう1打ほど狭くなる！ この事実を理解するとゴルフの本質が見えてきます。

よく耳にする言葉に「ゴルフはミスのゲームである」というのがあります。この意味はターゲット内ではミスをしてOKということです。ドライバーはフェアウェイの中でミスをする。パー4のセカンドではグリーンの中でミスをする。パットはカップの中でミスをする。すると、スコアはバーディになります。

このことは、実際のプレーはこれ以上にミスが許されることを意味します。それだけミスをしても、72のスコアでプレーできるのがゴルフです。この事実を理解しながら、楽な気持ちでレベルアップを目指して欲しいと感じます。

11 バーディの取り方

今回は特別に「バーディを取る方法」を伝えます。すべてのゴルファーが知りたい情報ではないでしょうか？

その方法とは？

「バーディパットをたくさん打つこと！」。これが方法です。

「そんなことか」とがっかりした方もいると思いますが、これが事実です。上達できない停滞ゴルファーは1回のチャンスを必ずバーディにする方法を探しますが、現実的ではありません。実際には確率に比例した結果しか出ないのです。自分のデータを取り、2mのパットの確率を知ることが大切です。

仮に5回に1回、1パットのデータがあるとします。これによれば、バーディを1つ取るにはバーディーパットを5回打つ必要があることになります。

このように平均的な結果を求めることがスコアアップにはとても大切です。パーをとりたいゴルファーは「パーパットを数多く打つこと」が方法になります。100回のバーディパットを打てば、最低でも数回のバーディは約束されるでしょう。

12 セオリーからの選択

上級ゴルファーは正解を探すのではなく、セオリーから選択します。

例えば、今、ボールが止まっている地点から次の1打をどうすべきか？ というときに、プロならば2種類〜3種類の戦略からベストと思われる方法を選択します。将棋と同じように定石内での選択です。

停滞ゴルファーは定石を理解していないために、何をすべきか？　を判断できません。そして魔法に走ります。できもしないことをやれると思ってしまうのです。

つまり、自分ができる技術を判断して、セオリーの中から選択することがレベルアップにつながります。上達を望んでいるゴルファーの皆さんは、セオリーとは何かを勉強して欲しいと思います。

それは例えば、アプローチでは、パターを使うか？　AWを使うか？　ロングホールのティショットでは、ドライバーを使って2オン狙いか？　狭いから3Wで打ち、3オンで行くか？　など。右OBでは？　左OBでは？　などです。

今ある状況から選択肢はそんなにはありませんから、平均的結果を考えながらセオリーの中で選択することが大切です。

13　飛距離の定義

飛距離に関しての定義です。

今の1ショットの飛距離は？　それは「キャリー＋ラン＝リアル飛距離」です。

この当たり前の事実を理解してください。一般ゴルファーはこの事実を理解していないために、自分の距離を過信しています。

例えば、バンカー越えのピンまで150ヤード！　バンカーを越えるには135ヤードでピンまでが150ヤードの状況！　自分の飛距離は7番アイアンで150ヤードと思い、7番アイアンで打って見事に「バンカー！」ということが多々あると思います。自分の飛距離をキャリーとランに分けて考えていないから、そうした結果を招いてしまうわけです。

上級ゴルファーはキャリーのみで距離を確認しています。その理由は、ランは状況によって変化することを理解しているからです。地面が硬ければランが出る。柔らかければ止まる。フォローならばランが出て、アゲンストならランは少なくなります。

飛距離が出ることはゴルファーの夢ですが、現実を知ることがスコアアップを目指すプレーでは絶対必要条件になります。

自分のドライバーショットの飛距離を平均で言える人は上級者。

14 考えること、考えないこと

プロのコメントを思い出してください。

「そんなに難しく考えなくていいよ」とか、「～だけ考えれば上手くいくよ」など、魔法のようなメッセージを聞きます。皆さんがそれを練習したり、実行したりしたときに結果が大きくよくなった経験を持っているでしょうか?

私はありませんでした。なぜ、プロのコメントは簡単なのか? 答えは過去の練習によって、習慣になっている部分が多く存在することにあると感じます。

プロは現在の注意しているコメントのみを言葉にする傾向があります。本人は本当にそのことを注意しているのだと思いますが、一般のアマチュアはそれだけでは良い結果にはなりません。

プロは多くの時間を使い、膨大な量の練習で体得してきたことがたくさんあります。練習量の少ない一般的ゴルファーにナイスショットを打たせるためには、5ポイントの注意を必要とします。

スイング中で考えることはあとで1つずつ教えますが、5ポイントです。すべてをクリアしてナイスショットになります。この中から3ポイントを練習で習慣にしていれば、考えることは2

つに減ります。どちらも同じ5ポイントをクリアしているのですが、注意ポイントの量は違ってきます。プロは5ポイントすべてを考えずともやれているのです。

つまり、練習の目的の1つは5ポイントを習慣にしていくことです。ほとんど無意識に行えるようになるまでは、1つ1つ考えることが必要であることを理解してください。

15 10人分を1人で

野球の話です。1番バッターは走力に優れていて出塁率が高い選手が選ばれます。3番バッターは打率が高い選手です。4番バッターは長打力があって、打点の高い選手となります。野球は特性のある9人の選手、プラス監督の10人がリアルタイムで戦います。

ゴルフは野球の10人を1人でプレーするゲームだと理解してください。ドライバーが得意な選手、パットが苦手な選手、ショートアイアンが得意な選手、フェアウェイウッドが苦手な選手などなど、得意不得意がある選手が集まってゴルフをするわけです。

つまり、ゴルフでは自分というプレーヤーの得意分野と不得意分野を分けて、自ら監督をして指揮を執ります。自分を自分が監督して結果を作ることがゴルフなのです。

同じ技術を持っていても、自分を指揮することができなければ感情や本能に負け、良いプレーにはならないことを理解してください。

16 原因は複数存在する

生徒たちからの質問です。

「コースでボールが右に行きます。原因を教えてください」

回答は「見てみないとわかりません」ということです。なぜなら、その原因は1つではないからです。

右に行く原因は複数存在します。

スイングがよくても、左からの風によって右に行くことはあるし、アドレス時のディレクション（方向）が右でもそうなることがあります。

停滞ゴルファーは1種類の回答を求めます。それはトップにしてもダフリにしても同じです。

まずはスイングにすべての原因を求めなければなりません。また、ゴルフは自然との闘いですから、原因は自分のスイング以外にも存在することを理解しなければなりません。それを考えた上で、ミスの原因を明確にすることが効率の良い練習につながります。

17　距離と1ストローク

ゴルフの大きな特徴に「距離とストローク」があります。

それは具体的に何かといえば、300ヤードのドライバーと1センチのパットは同等ということです。よく言われる1メートルではなく1センチが同等です。このゴルフの特徴が楽しさを作り出します。

一般アマチュアのレベルでは、250ヤードの飛距離を持つ人に200ヤードの人が簡単に勝てます。なぜでしょうか？　このレベルではスコアは飛距離に比例しないということです。

アマチュアでもHC3以下（私の経験から）のレベルになると、飛距離を武器にできます。それ以下のレベルでは飛距離を武器にできないことを感じます。シングルハンデを目標にするならば、飛距離よりもショートゲームのレベルアップが現実的課題になることを理解してください。

この内容を伝えると決まって生徒たちは「理解している」と回答します。しかし、実際の練習量はこれまでと変わらず、パットやアプローチよりもドライバーばかり。それだけに、真剣にスコアを良くしたければ、ショートゲームを優先した練習を積んで欲しいと感じます。

18 飛ばす技術、飛ばさない技術

ゴルファーならば誰でも「ロングドライブ」に憧れます。つまり、ボールを「飛ばす技術」を体得しようとします。しかし、スコアアップを望むなら、「飛ばさない技術」というものがあることを知り、それにもこだわって欲しいのです。

「飛ばさない技術」が必要なこととして、高速グリーンでの距離感や近いピンへのアプローチ、グリーンへのショットでランが出ないようにする技術などがあります。

こうした「飛ばさない技術」は、「飛ばす技術」以上にスコアメイクには重要な技術になります。

19 遅れの法則

熱心なゴルファーほどたくさんの練習をします。

こうしたゴルファーは、明日のラウンドのための練習ではなく、未来へのレベルアップに対しての練習を行います。

停滞ゴルファーの特徴は短期間の結果を欲しがることにあります。今日練習して明日のナイスプレーを望みます。

上級ゴルファーも明日、ラウンドや試合が予定されているときは必ず練習すると思いますが、練習の目的が違ってきます。常に練習しているので、「現在のコンディションや部品の確認」などを行い、決して即効性は求めません。

今日練習したことは、少なくとも3ヶ月後に結果が出ることも理解しています。だから今日の練習は未来のための練習であり、明日のラウンドのための練習ではないのです。

ゴルフは1日で上達できるものではありません。東大の受験を1夜漬けで挑戦しても合格できないのと同じです。

結局、地味な練習を未来のために頑張らなくてはならないということ。そして、結果は遅れてやってくるということを理解してください。ゴルフには「遅れの法則」が存在するのです。

第2章

上達に必要な思考的技術

27年を越える実践レッスンの中から感じたことがあります。それは、上達するゴルファーは上達する前に内面的に上達ゴルファーになっているということです。

コーチの私はいつしか生徒たちの内面的レッスンを無意識のうちにするようになりました。つまり考え方や感情のコントロールなど、具体的な内容を伝えると共に、思考的に上達ゴルファーになってもらうことが少し先の未来に差が出ることを実感したのです。

1つの項目に対して、とらえ方や解釈によって上達の速度が変化することを実感してきました。この章の項目は外見からは判断がつきにくい、そのゴルファーのみが知る思考的技術を紹介しました。上手くなる方法を具体的に知る前に、自分と向き合って思考して欲しいと思います。

1　3タイプのゴルファー

3タイプのゴルファーを紹介します。

①上級ゴルファー

すでに高いレベルに達しているゴルファーを意味します。ゴルファー全体の5％以下ではないでしょうか？

②停滞ゴルファー

練習をしても上達を実感できず、練習すべき内容を探しているゴルファーを指します。80％以上のゴルファーが停滞ゴルファーだと感じます。

③上達ゴルファー

現在は停滞ゴルファーですが、その中で60％の人は潜在的には上級ゴルファーになれる資質を感じます。今は上手くなくても上達できる内面的資質を持っているゴルファーを指します。

レッスン活動での大切なテーマは「停滞ゴルファータイプを上達ゴルファータイプ」に変身してもらうことにあります。そのスタートが「考え方」から修正してもらうことです。

2 上達ゴルファーとは？

レッスン活動をしてきて、上達ゴルファーは考え方を修正することをスタートにして、上級ゴルファーになる事実があることを確認しました。

停滞ゴルファーは魔法を求め、1回の練習でプロのショットを打ちたいと考えます。しかし、上達ゴルファーはたくさんの練習によってのみ、良いショットを体得できることを知っている人です。

では、私が見てきた上手くなるタイプとはどんなゴルファーでしょうか？

人の話をよく聞き、自分で判断します。わからないことがあるときには「誰に聞けばいいか？」を知っている人でもあります。また、1回の練習では体得できないことを理解して、無理のない練習を続けられる人です。そして、上手くなる自分を信じている人です。

こうしたことをわきまえてからしっかりと練習する人が上達ゴルファーなのです。

3　上達の最短コース

上手い人とそうでない人の最大の違いは「考え方」です。「上級者の考え方」を持つことが上達のスタートになります。

そこで皆さんにお聞きします。目指すゴルフレベルはどこですか？　100を切ること？　80台のプレー？　シングルハンデ？　それともスクラッチプレーヤー？

いずれのレベルでしょうか？

目指すレベルの考え方を勉強して、「自分を修正」することがスタートになります。シングルを目指しているのならば、たくさんのシングルプレーヤーと会話してください。自分との「考え方」の違いを探すためです。

スライスしか打てないときに、上手い人はフックを打とうとはしません。そうではない人はフックを打とうとします。上手くない人は「上手くいったら」を考えますが、上手い人は「上手くいかないときでも」を考えます。

スイングにしてもコース戦略にしても同様です。考え方を上級者のものに変えることが上達へのスタートになります。

4 正解を作り出す

学校で勉強したことは「正解か不正解か？」です。そこで、停滞ゴルファーは「間違ったことをしたくない」と口癖のように話します。しかし、ゴルフの技術に対しては正解も不正解もないと考えることが大切です。

1つ問題を出しましょう。

「スライスボールは正解か不正解か？」

一般的には不正解のイメージが強いですよね。しかし、スライスになることを予測してピンの左20ヤードからスライスでピンそば1mにつけて、結果、バーディ！となったらどうでしょう。正解になりますよね。同じスライスボールでも予測しないで右OBなら不正解かもしれません。しかしゴルフの面白いところはスライスボールでもバーディが取れることです。

スライスボールで何回もメジャーで優勝したのがリー．トレビノ選手（今のゴルファーは知らないかも？）でした。これは不正解と答えが返ってくるスライスボールを正解に変えた例です。

停滞ゴルファーは情報の決定権を自分以外に求めますが、上達ゴルファーは自分で正解か不正解かを判断して情報を吸収します。たくさんの情報を整理しながら、「自分の正解」の箱に入れ

ゴルフには正解も不正解もない。自分の正解を作ること。

るのです。その意味を理解しながら行うことです。その結果、ゴルファーは誰一人として同じゴルファーにはならないのです。

ゴルフが上手くなるには多くの事柄で「正解を作り出すこと、もしくは自分の正解を探すこと」が絶対条件になります。皆さんの正解はどのようなことでしょうか？

5　不幸と失敗の違いは？

プロでもアマでも本当に上手い人は謙虚です。

あるＣＭで「謙虚な者に勝利の女神は微笑む」というのがありました。誰がこの言葉を言ったかというと、私が世界一尊敬する人間であり、ゴルファーであるジャック・ニクラウスです。

素晴らしいゴルファーは良い結果はラッキー（幸運）であると感謝の気持ちを持ちます。逆に良くない結果のときは自分がまだまだ未熟で練習が必要だと考えます。

停滞期にいるゴルファーは逆の解釈をします。良い結果は実力で、良くない結果は自分以外が原因で不幸だと考えます。だから反省もしないし感謝もしません。

ゴルフはその人の内面が出ます。感情に左右されやすい人はプレーにそれが表れます。達人ほど謙虚に考えるのは、もっと上達したい表れです。

ラッキーとアンラッキーはどんな人にも平等にやってきます。ラッキーが普通でアンラッキーは不幸と考える人は反省しません。どちらも自分が作った結果だと自覚することが大切です。そうすれば、自然と謙虚な気持ちが持てるようになるものですし、それが上達をもたらします。

6 才能は成長力

ゴルフの才能を検証します。才能がある人はどんな人でしょうか？

素晴らしいドライバーショットが打てる人ですか？　それともパットが上手い人ですか？

私の基準は「成長力」です。今、上手いか、どうかはまったく関係ありません。年齢にしても、若いから、高齢だからなどは関係ありません。大切なことは「上手くなりたい欲望」です。

絶対に上手くなりたいという欲望があれば必ず上達できます。あとは「自分を信じて無理なく頑張ること」です。

「成長力」と関係が深い能力は、「技術を使えること」です。情報を体得したあとで、その技術を使えるか？　が大切です。レベルに関係なく「持っている情報を使える人」は成長力がありま す。

7 偉大なるリアリスト

日本を代表するアマチュアであり、後にコース設計家にもなった人に金田武明さんという方がいました。私が若かった頃、その金田さんの著書に、ジャック・ニクラウスを「偉大なるリアリスト」と表現していたことを思い出します。

私はこの表現が大好きです。完全主義者は一見、素晴らしく思えますが、ゴルフの特徴を考えたときに「完全は存在しない！」ことがわかります。

練習では、より高いレベルを目指し、頑張ることも重要です。しかしコースでのプレーはまったく違います。上手いゴルファーは自分が現実的に可能なことを判断できる人です。停滞ゴルファーは自分の実力を過信するあまり、不可能なことにトライします。成功率0％に思えることにもトライしてしまいます。結果は当然、悲惨なことになります。

しかし、偉大なるリアリストであるジャック・ニクラウスは、自分が現実にできることを確実に行います。不可能なことにはトライしません。ゴルフというものが、不可能を可能にすることがないことを知っているからです。

もちろん現実にできることをしたからといって、いつも成功するとは限りません。それがゴルフだからであり、だからこそ、結果がよければ、それを素直に喜びます。

例えばティショットで「あのラインからフェードボールで」と考えて打ったとして、そのラインより左から出てスライスになってフェアウェイにキープできたとして、それを素直に喜ぶわけです。結果に対してよかったと受け入れ、修正すべきポイントはしっかりと理解して次の1打に向かいます。

そんなジャック・ニクラウスのように、皆さんも自分の可能領域を知り、「偉大なるリアリスト」に近づいて欲しいと思います。

8 考える習慣

生徒たちに「考えることが上達へのスタートです」と伝えます。するとと「私は頭が悪いから考えるのは苦手です」と返答がきます。私の返答です。「レッスンしてきて頭が悪い人はいませんでしたが、使ってない人は結構います」。だから誰でも上達できるのです。大丈夫なのです。

ジャック・ニクラウスやタイガー・ウッズはなぜに歴史的なプレーヤーなのでしょうか？　7番アイアンでカップインを狙えるのでしょうか？　18ホールをすべてバーディであがれるのでしょうか？　毎ホール1パットであがれるのでしょうか？

歴史的名選手は技術もあり、細かく考えてプレーしています。

皆さんはタイガー・ウッズと同じようにドライバーショットが打てるのでしょうか？　ジャック・ニクラウスと同じように3番アイアンが打てるのでしょうか？　答えは「ノー」ですよね。では、彼らと同じ「考え方」は持てるのでしょうか？　答えは「イエス」です。

つまり一流プロと対等なレベルになれるのが「考えるゴルフ」です。私の生徒の最年長は80歳を越え、最年少は小学生ですが、まったく同じアドバイスをします。初心者からプロまで全員に

「考えることが重要です」と。今日から「考えるゴルフ」を実践してみてください。練習が楽しくなります。

9　練習は「実験」

練習は「実験」です。

練習して、再度、確認します。未知の情報を練習で「実験」する。

最初は意味を理解しなくても実行することが大切です。そして、実行できたかを判断します。最後にその情報を自分の武器にするかどうかを決めます。

この順番でゴルフ界に存在する、たくさんの情報を判断しながら、自分が「使う情報と使わない情報」に分けることが上達には不可欠になります。

ゴルフ界にはたくさんの情報があります。そこには正反対の内容もあります。たくさんの人が「ＹＥＳ」というから自分も「ＹＥＳ」という判断ではなく「自分で素直に実験」して決めることが情報の判断能力を高めます。

練習場はいろいろなことを試してみる「実験」の場だ。

私自身が取り入れてきた内容に、「ゴルフ界の常識的内容」とは反対のことがたくさんありました。例を出しましょう。

私が20歳の頃、ゴルフ界は「フェード全盛時代」でたくさんのプロが、フェードが正解でドローは「NO」と言っていました。距離が出ない私は「トム・ワトソンはドローでゲーリー・プレーヤーもドロー。だからドローを練習する」と決意をしたことを思い出します。

皆さんも自分をよく知り、自分にとって必要な情報を選択し、それに磨きをかけてください。

10　2人の自分を理解する

コースラウンドが少ない一般ゴルファーが考えなくてはならない事柄です。

皆さんはAタイプ「コースのほうがナイスショットできる」、Bタイプ「練習場のほうがナイスショットできる」、AとBのどちらのタイプでしょうか？

基本的に多いのはBタイプではないでしょうか？

そこでレッスンをしていて注意している内容を伝えます。それは「練習場での生徒の癖」と「コースでの生徒の癖」が異なるということです。どちらも同じ人がスイングしているのに、コースと練習場はいろいろな要素から同じ状態にはならないのです。

練習場で打ててくると皆さん期待して「今度のコースは大丈夫だ」と思いたがるわけですが、実際には期待に反した結果になることが多いように感じます。

「ロジカルゴルフ」では生徒たちに次のようにレッスンしています。

「練習場で打てることは大切なことですが、コースで出るボールが自分の実力」と考えます。だから「練習場の自分とコースの自分」と2人の自分がいることを理解してください。

上級ゴルファーほどコースと練習場の差が少なくなり、2人の自分が1人になってきます。練習方法は「コースで出る癖を練習場で練習する」ことになります。

11　最大の武器は「意識」

皆さんのゴルフでの武器は何でしょうか？

飛距離ですか？　パターですか？　実はそのすべてを含めて最大の武器、それは「意識」です。

もう一度強調します。ゴルファーの最大の武器は「意識」！

この武器が使えるようになると、今の自分から次元の違うプレーができます。ゴルフ以外のスポーツは主に「反射」を鍛えます。だから「意識の武器」の領域は少なくなります。しかしゴルフは違います。ゴルフは逆に「反射」を使わない競技なのです。

違いは「自分から動作を起こす」からです。止まっているボールをどのようにプレーするかを考え、何をすべきか？　を考えてアドレスに入ります。

ボールは止まっていますから「自分の意思でバックスイングをスタート」します。バレーボールやサッカーのように動いているボールに反応する運動能力は必要ないのです。

ゴルフはこの特徴があるからこそ、何歳になっていてもレベルアップが可能なのです。つまり、身体能力は年齢と共に衰えるが、意識レベルは何歳でもレベルアップできるということです。

練習量に制限があるアマチュアの方は、特にこの「意識の武器」を鍛えることを重視してください。

12　素晴らしい技術

良いプレーをするために必要不可欠な技術があります。それは「できることを判断すること！」です。

実はこれが「素晴らしい技術」になります。上級プレーヤーは何でミスが少ないように見えるのか？　答えはシンプルです。できることを判断してプレーしているからです。

そうではない人は「できることを判断していない」。だからプロがやっても上手くいかないことまでやろうとします。これは打つ前にミスが決定している状態といえます。

このことを伝えると「私には判断できない」とか「どうやって判断するのか？」と質問がたくさん来ます。答えはこれしかありません。「判断しようとすること」。これが体得の唯一の方法です。

コースでプレーするときに意識して考えることです。そして、それを練習する。しばらくしたらほんの少し「判断力」が身についている自分に気がつくはずです。

13 判断基準

コースでプレーしたときに、2つ以上の事柄で迷いが生じた場合、何を基準に判断したらよいのでしょうか?

①上手くいったときの最高の結果

②平均的な結果

①と②、どちらでしょうか?

「ロジカルゴルフ」での判断法を伝えます。アプローチを例にしましょう。サンドウェッジを使うか? パターを使うか? で迷ったとします。

まずは「上手くいかなかったときの結果」をイメージします。それから「10回の平均」をイメージします。

この場合、「10回の平均」とは、具体的には「10回プレーしたときの平均ストローク」をイメージすることです。これをサンドウェッジとパターで比べます。

結果、サンドウェッジで打つほうがパターの平均よりよくなる場合はサンドウェッジを使う結論になります。逆であれば、パターを選択すればよいわけです。

パターで寄せるか、SWで寄せるか。迷ったら、10回の平均をイメージして選ぶ。

ゴルフは上手くいったときの結果は皆、良い結果になります。当然ですね。しかし、大切なのは「平均的な結果」です。

体得方法は「経験のみが自分の財産」になります。失敗しながら少しずつ平均的結果をつかむことが普遍的法則になります。

14 攻撃と守備

ゴルフのプレーで「攻撃的な内容」とはどんなイメージを持つでしょうか？　300ヤードのドライバーショット？　では「守備的要素」はなんでしょうか？　アプローチ&パット？　そのようなイメージを持っている方が多いと思います。

しかし、私の感覚は反対です。ドライバーは守備で、パットが攻撃です。「えっ？」と思う方が多いのではないでしょうか？　理由を伝えます。

攻撃か守備かの定義は「1ストロークの差がつけられるかどうか」です。

ドライバーが守備というのは失敗したらOBで2ストロークを落とすことになります。では3

00ヤード飛ぶ人と230ヤードの人はその時点で1打の差はつくでしょうか？ 答えは「NO」ですよね。

ドライバーでは引き分けか負けしかありません。故に、大失敗を防ぐことが重要なのです。すなわち「守備的考え方」を持つ必要があります。ではパットは？ 同じ5メートルのパットから1人は1パットで、もう1人は2パットだとすれば、これで1ストロークの差がつきます。すなわち同じ条件から決定的に1打を減らせます。だから「攻撃的要素」なのです。

私は生徒たちに「パット勝負に持ち込むこと」を教えます。特に競技ゴルファーにはそれを徹底させます。パットはその日によって良かったり悪かったり変化します。だから攻撃的な要素が多いのです。

プロのコメントを思い出してください。ビッグスコアでプレーしたときに、「ドライバーがフェアウェイに打ててパットが決まりました」が多いコメントです。この言葉が象徴しています。「パットが入らなかったけどドライバーがよかったから65でプレーできました」というコメントはありません。攻撃的プレーをしたければ、「パット練習」を重要課題にしてください。

15 細かく考える習慣

ＷＢＣを２連覇した全日本野球チームの「スモールベースボール」という言葉が印象に残りました。

パワーで劣る日本人が世界で勝つには細かい野球が必要だということです。ゴルフでも同じことが言えます。プロに限らず、上級ゴルファーは細かいプレーにこだわります。そうでないゴルファーは細かく考えることを避ける傾向があります。

この事実はプロゴルファーにも当てはまります。ジュニアからプレーしているゴルファーは細かいプレーをしないのに、上手にゴルフをする特徴があります。しかし、そうしたことが原因で、プロになってから限界を感じてしまうのです。

細かく考える例を伝えます。

パットの距離感を上りは「強く」、下りは「弱く」といった大雑把なとらえ方でいいということはありません。この上りは「プラス１・５メートル」、この下りは「マイナス80センチ」と細かく考えてプレーすることが大切です。

ラフだけでなく、フェアウェイであっても、場所ごとに芝の密度や強さ、長さが違うことは多々あります。なので、常に今あるライをよく見て、このライでは「5番アイアンは難しいかな? 6番アイアンにすべきか?」と細かく考える必要があります。

このように常に細かく考えることが上達する鍵となります。それを考えても今の実力では無駄であると思ってもやるべきことです。それが上達を押し進めることになるからです。

練習量が少ないアマチュアゴルファーは、身体能力を補うために知的ゴルフを鍛えることが上達の近道になります。それが細かく考えるゴルフなのです。

16 経験を栄養にする

2人のゴルファーが、同じ内容の練習を同じ量、行いました。

結果はというと、必ず差がつく事実が存在します。なぜ、この差は存在するのでしょうか?

皆さんは才能の差と思うでしょうが、違います。答えは「すべての経験を栄養にするか?」どうかです。

良い経験と良くなかった経験を、どちらも自分の栄養にできる人が、上手くなる権利を持った人です。

よく聞く言葉ですが、「たくさん失敗した人が上手くなる」とは私は思いません。「たくさん失敗した経験を栄養にできる人が上手くなる！」わけです。

だから上手くいったときも、そうでなかったときも「どちらの経験も上達の栄養にできる自分」を作ってください。

17 「上手くなった」を感じる

ゴルフのレベルアップは非常にわかりにくいと感じます。停滞ゴルファーの方は100点の結果にならないと上達を感じにくい傾向があります。

例えばパットですが、今までは3パットしていたケースを2パットで行けた！ これは確実にレベルアップしているのですが、そうは感じないでしょう。停滞ゴルファーは2パットが1パットで行けたときには「上手くなった」と感じるのですが、3パットが2パットになったのでは上達したと感じることができにくいのです。

ショットの場合も同様なことがあります。例えば、OBになっていたショットがラフに止まるようになった。これもかなりのレベルアップなのですが、フェアウェイではないために、そうは思わないわけです。

アプローチでもあります。ダフって乗らなかったのが、グリーンに乗るようになった。これもアプローチがピンに寄れば「上手くなった」と感じるわけですが、ただグリーンに乗っただけではそうは思えないというわけです。しかし、この事実は大きなステップアップをもたらしています。

コーチの私としては、このような結果の変化を感じ取って欲しいのです。100点ではない結果でも、その結果を判断して、レベルアップしていることを感じ取って欲しいのです。そしてそれを感じ取ることがとても重要です。

現実的には、このレベルアップを積み重ねることが大きな上達につながります。練習やコースで「上手くなった」と感じ取る意識を持つことが、さらなるレベルアップにつながるのです。

18　怒っている暇はない

練習場やコースで上手くいかないと、怒ってしまう人って結構います。

同伴競技者がどのように感じるかとか、周りの人がどう思うのか？　などを気にしていないのだと思います。クラブで地面を叩いたりするわけですが、いかがなものでしょうか？

その人に言わせると「自分に対して怒っている！」と言います。その人がそんなに上手いとは思えないのですが、そういう人っていつも怒っています。

私の意見は「怒っている暇があったら、もっと考えて練習すればよいのに」って思います。怒って上手くなるなら怒る意味はあります。でも怒っても決して上手くなりません。

私の生徒で「『怒っている暇はありませんから考えて練習しましょう』という言葉が印象に残っています」という方がいます。本当にそう思います。

私が世界一尊敬するジャック・ニクラウスが怒ってクラブで地面を叩いているのを見たことはありません。自分のレベルをもっと高めたいのなら、もっともっと考えてください。そうしたら、怒っている暇はなくなります。

19 予測能力

ゴルフの上達に欠かせない能力に、「予測能力」があります。これから打つ1打を予測する技術になります。例えば次のようなことです。

風が左から吹いていれば、ボールは右に流されやすい。フォローの風ならバックスピンがかかりにくい。下りのパットは多く転がる、といった予測です。

さらに具体的な予測としては、アプローチで52度を使い、こんなスイングをしたらこんなボールになる、だからグリーンのあそこに落とせば、こんな転がりでピンそばに寄る、といったことになります。

上級ゴルファーは予測能力が高いレベルに達している事実が存在します。そうではないゴルファーは「予測してもそのようにならない」ために、予測することをやめてしまいます。しかしそれでは上達もストップしてしまいます。

予測したボールと実際が一致しなくても、1打1打で考えることがレベルアップの道です。永遠のテーマですが、上達の絶対条件になります。

20 3つのマネジメント

スコアアップには2種類のマネジメント能力が必要ですが、内面的にはもう1つのマネジメントが必要になります。そこで3つのマネジメントを伝えます。

1つ目は「コースマネジメント」。これはコースを攻める技術です。

2つ目は「スイングマネジメント」。これはスイング部品を管理しながら、打つボールをコントロールする技術です。

3つ目は「セルフマネジメント」。これは自分の感情やすべきことをコントロールする技術になります。

実は「コースマネジメント」も「スイングマネジメント」も「セルフマネジメント」に含まれます。「セルフマネジメント」があれば、ドライバーをやめて3Wで打つとか、グリーンに乗せないコース戦略、わざとハーフトップにヒットするなどといった、敢えて100点を求めない決断を自分に下すことができるわけです。

それがスコアをよくすることはもちろん、上達を促進させます。また、「セルフマネジメント」に長ければ、「コースマネジメント」も「スイングマネジメント」もレベルアップできることに

美浦GC5番パー3。打ち下ろしは風の影響を受けやすいので、それを考慮する。

なります。

21 上達するための代償

「必ず上手くなるなら、このレッスンを受けたい！」

このように思ってゴルフを習う人が多いと思いますが、どのように感じますか？

私が思うに、なぜ、必ず上手くなるのかがわかるのでしょうか？

このようなコメントをする人は残念ながら停滞ゴルファーです。上手くならなかったときの責任をレッスンプロ、またはレッスン情報に転嫁する人です。上達ゴルファーは違う考え方を持ちます。上手くなるかどうかは自分次第。代償を払うことが先で上手くなるのは自分次第と考えます。


未来の結果は誰にもわかりません。代償とは練習の時間と金銭になります。必ず上手くなる方法なら買うと考える人は、いろいろな情報やレッスンプロを転々と替える特徴があります。本当の原因は自分自身の考え方にあることに気づかずに探し続けます。

人に頼らずに練習したり、レッスンを受けるにしても、自分の足で上達の階段を上ることを勧めます。

22 練習する意味を作る

上達するためには練習することが絶対条件になります。

では、練習する自分のモチベーションを高くする方法はどんなことでしょうか？

その答えは、近い目標を明確にすることです。

一般アマチュアゴルファーにお勧めの方法は「コースの予定を入れること」です。

競技ゴルファーは試合を意識すること、一般ゴルファーはコースの予定を入れることです。そうすれば、「練習したい、もしくは練習する意味」が発生します。目標がないと練習する理由が弱くなります。

　想像してください。明日、重要な人とのラウンドがあれば必ず練習したいと思いませんか？

例えば会社の取引先ならば、迷惑をかけないように、良いプレーをしたいと考えるでしょう。こうしたことをつまらないとは思わないでください。真剣にプレーしなくてはならないラウンドの予定を入れていくことが練習意欲を高めるからです。

コースの予定を入れ、練習する意味を持ち、細かくつなげることが大きなレベルアップにつながります。

23 目標と練習量

レベルアップに対する目標を持っていますか?

では、それを達成するためにどんな練習をどのくらい行いますか?

ここには密接な関係があります。目標と希望的観測は違います。また練習は質も問われます。

プロになりたい人や絶対に上手くなりたい人は「目標」から「すること」を決めます。

これは一般のゴルファーにはなかなか厳しい課題のようです。

私からのアドバイスは「継続できる練習量を決めてください」ということです。その量に質をレベルアップしていきます。そして「実際に自分が見える『目標』を作りなさい」と伝えるようにしています。

重要なことは「継続可能な練習量と質」です。そして、目標達成のための期日を授けることです。いついつまでにこれを達成するということです。それがなければ継続することもできないでしょう。そして、その期日は十分な余裕を持たせること。目標を見据えて、ゆっくりと質を高めた練習をしていくことです。

24　上達するために捨てるべきもの

皆さんが1ラウンドを平均100のスコアでプレーするゴルファーだと思ってください。ところが、あるレッスンプログラムを練習し、プレーをしたら110も叩いてしまいました。そのとき、皆さんはどんなことを思いますか？

①「上手くなるイメージがなくなってしまった」
②「前のほうが上手かったなー」
③「110打ったけど、これを続けて体得したら80台も夢じゃない」

一概には言えませんが、③の判断をできるかが、上達するためにはとても大切です。

現実には①と②のプレーヤーが多く存在します。

③と思える人の特徴は、一時、後退している感じのときに上手くなった自分がイメージできます。逆に①と②の判断をする人は上達のイメージを持てません。

①と②を感じたときは、情報自体の判断が必要になります。自分にとって必要な情報だったかということです。必要でないと判断したらもちろん別の方法を選択すべきです。

しかし、その必要性を判断できないゴルファーが多く存在します。

そこで、①と②を感じてしまったら、この練習をやって体得したらどんなプレーができるのか？を想像してみてください。自分で考え、判断して「この情報は先々よくなるはず」と思えれば実行し、「この情報は違う」と思えば実行しなければ良いだけです。

上達のイメージが持てる情報ならば、練習して体得できるように頑張ることが上達への道です。

第3章 スイング技術

この章はゴルファーにとって最大の興味があるスイング技術です。スイングというと方法論を想像しますが、そのスイングが使えてこそ技術となります。スイングでなく、スイング技術を身につけましょう。そのために、練習時のスイングテーマとコースでのスイングマネジメントなど、たくさんのメッセージを集めました。

1　スイング部品

私が提唱する「ロジカルゴルフ」のスイングレッスンで使っている言葉、「スイング部品」を解説します。

皆さんがスイングの練習をするときに、注意する1ポイントを「スイング部品」と理解してください。

例えば、以下のようなことです。

「アドレスで左グリップを少しフックにする」
「ダウンスイングで左膝を踏み込む」
「ダウンスイングで右手コックをさらに入れる」
「トップでシャフトを発射ラインと平行にする」

まだまだ「～を注意する」というポイントはたくさんあるでしょう。

つまり、スイング時の1箇所を「スイング部品」と表現しています。

例えばクルマが多くの部品からできあがって、それらがしっかりと機能して確かに動くように、人間のスイングも多くの部品がきちんと動いてこそ、しっかりとできるというわけです。

スイング練習するファーストステップが「～を注意する」という「スイング部品」の練習になることを伝えます。そして、これが最も大切なことですが、「スイング部品」の練習で得られる結果は「～のミスを防ぐ」ことのみであることも重ねて伝えます。

2　スイング練習は部品管理から

「スイング部品」を練習するときの心構えと考え方です。

スイング中に注意する1ポイントを行った場合、得られる結果は「～のミスが防げる」、もしくは「～のミスが軽減される」ことだけです。これが現実的な効果になります。例を挙げましょう。

「アドレスで肩のラインをクローズに構えた」ことから得られる結果は「スライスが減る」です。

「バックスイングで頭が浮き上がらないように注意した」ことから得られる結果は「トップが減る」です。

現実論として1ポイントの修正は「～のミスを減らす」ことになります。

停滞ゴルファーは1ポイントの修正でナイスショットを求めますが、現実は7つのミス（トップ、ダフリ、スライス、フック、プッシュ、プル、シャンク）のどれかを防げる（複数の場合もあります）のみです。つまり、1つのミスを防止できても逆のミスが出る場合もありますし、異なるミスは直っていないことは多々あります。

そうした現実をしっかりと理解して、1つ1つ、あなたのミスを潰していってください。

3　トップボール防止確認

トップボールの原因は、インパクトでボールに届いていないことにあります。またはインパクト後のクラブの動きが低く長く出ないで、いきなり上に上がることが多くの原因になります。

トップボールを防止する「スイング部品管理」を紹介します。
①アドレスを近く。右肘を軽く曲げて体につけ、ボールとの距離のセンサーにする
②アドレス時に頭の位置を低く
③バックスイングで浮き上がり注意（アドレスとトップの高さを同じにする）

トップ防止は遠くに立ったり、バックスイングで体が浮き上がらないように。

④ダウンスイングで左膝を踏み込む
⑤ダウンスイングで左肩を開かない
⑥ダウンスイングで右肘をリリースする
これらのことを練習時にチェックしてみてください。

4 ダフリ防止確認

ダフリの現象は、クラブヘッドがボールに当たる前に地面に当たる現象を指します。ボールを高く打ちたいなどの感情も原因の1つになります。

ダフリを防止する「スイング部品管理」を紹介します。
①ダウンスイングで右手のコックを入れる。
②ダウンスイングで右膝を左膝に寄せる
③ダウンスイングで右肩の高さをキープする
これらのことを練習時に確認してください。またトップを受け入れる感情管理も重要です。

ダフリ防止はダウンスイングでコックを入れ、右肩が下がらないようにする。

5　スライス防止確認

スライスの原因は、アウトサイドインの軌道やフェースが開いていることなどが挙げられます。私のレッスン経験からスライスで悩むゴルファーは全ゴルファーの80％以上だと断言します。

スライスを防止する「スイング部品管理」を紹介します。

①アドレスで右肘を軽く曲げて体につけ、ボール近く構える
②フックグリップにする（スライスグリップのゴルファーを多く見ます）
③肩のラインが左に向かず、スクエアにする
④バックスイングで右腰&右肩を深く引く
⑤切り返しで左足かかとを踏み込み、コックをさらに入れてからダウンスイング
⑥ダウンスイングのスタートで左肩をキープする（開かない）
⑦ダウンスイングで手を振る感覚を持つ（体に対して振り遅れているゴルファーを多く見ます）
⑧フォロースルーで左肘を引かず、左肘を下に向け、左親指を立てるように振る。左脇を開けない

これらのことを練習時に確認ください。スライス防止の練習をしているときはフックを打つく

スライス防止はトップで肩を深く回し、フォローでは左親指を立てる。

らいの感情が重要です。

6　フック防止確認

フックの原因は、軌道に対してフェースがクローズでヒットしていることです。また多くのゴルファーがプルとフックを同じと認識していますが、「ロジカルゴルフ」ではこの2種類は違うボールとして扱っていますので、確認してください。フックボールは打ち出しに対して左に曲がるボールを定義にしています。

フックを防止する「スイング部品管理」を紹介します。

①ダウンスイングで右手の軌道をインサイドから使う
②ダウンスイングで右腰がボール側に出ないように注意する
③ダウンスイングで右手をコックする
④ダウンスイングで右肩の突っ込みを注意する（ボールの方に出ないでアドレスの位置でインパクトする）

フック防止はダウンスイングで右腰、右肩を前に出さない。

⑤インパクト以降で右手の平が返らない感じで振る
これらのことを練習時に注意して頑張ってください。

7 プッシュ防止確認

プッシュボールとは、アドレスに対して発射ラインが右に出るボールと定義します。思ったより右に出たボールを指します。原因は体に対して手元やクラブが振り遅れている状態になります。

プッシュを防止する「スイング部品管理」を紹介します。

①アドレスでボールの位置を左にする
②フックグリップにする
③ハンドダウンでアドレスする
④ハンドファーストで構えない
⑤アドレス&トップ&ダウンで上半身をボールの右にキープする
⑥ダウンスイングで左肩をキープする（開かない）

⑦切り返しで左肘を伸ばし過ぎない（アドレス時の肘の形でダウンスイング）
⑧ダウンスイングで左手甲を下に向ける感じ
以上のことを、練習時に注意して頑張ってください。

8 プル防止確認

「ロジカルゴルフ」でプルとは発射ラインが左に出ることと定義します。日本ではプル＝プルフックとの認識が強いと感じますが、ボールの曲がりと発射ラインを別の項目として理解していただきたいのです。

プルの原因の多くはダウンスイングがアウトサイドから入ることです。その他、フェースのヒットポイントも原因になっている場合があります。アドレスよりヒールヒットするとプルになりやすくなります。極端にクローズフェースでインパクトする場合もプルになります。

プルを防止する「スイング部品管理」を紹介します。

①アドレスでボールの位置を右にする

②ダウンスイングで右膝&右腰がボール側に出ないようにする
③ダウンスイングをインサイドからスイングする
④ダウンスイングで右手をコックする
⑤ダウンスイングで右肩の突っ込みに注意する（アドレスのポジションでインパクトする感じ）
⑥ヒールヒットしない（トウヒットでＯＫ）
⑦右手がインパクトで返らない感じでスイングする。
以上のことを練習時に注意してください。

9　シャンク防止確認

シャンクはヒール（ネック）でインパクトすることが原因です。ウッドクラブのヒットポイントがヒールのゴルファーは、潜在的にシャンクが出る可能性があります。注意してください。

シャンク防止の「スイング部品管理」を紹介します。
①アドレスでボールの近くに立ち過ぎない。

②ダウンスイングの右手の軌道をインコースにする。（アドレスより靴側をスイングする感じ）
③ダウンスイングで上半身を右にキープする
④ダウンで右肩の突っ込みに注意する（アドレスのポジションでインパクトする感じ）
これらのことを練習時に注意してください。

10 ミスショットの親戚関係

これまでに述べた7つのミスショットには親戚的関係が存在します。

1つのミスが出ると連鎖的に違うミスも出やすいということです。逆の減少も起こることも伝えます。1つのミスを防止することで違う親戚部品も防止できるときがあります。絶対ではありませんが、つながりやすいミスショット関係を紹介します。

第1グループ＝「トップ」＆「スライス」＆「プッシュ」です。この3種類のミスショットは防止法も似ている特長があります。

第2グループ＝「ダフリ」＆「フック」＆「プル」＆「シャンク」です。この4種類も防止法含めて似ている特長があります。

昔からも格言「ダフリ、トップに曲がりなし」と定説のように言われますが、私はそのように思いません。トップすれば右に飛びやすく、ダフリが出ると左に飛びやすいと確信しています。プレーや練習のときに確認して欲しいと思います。

11　3種類のナイスショット

ナイスショットに対する考え方を伝えたいと思います。皆さんが考えるナイスショットはどんなボールでしょうか?　飛ぶボール?　それとも真っ直ぐなボールですか?「ロジカルゴルフ」の考え方では3つのナイスショットが存在します。

①ジャストミート系

アマチュアの皆さんが練習するときの最初のハードルがこのナイスショットです。クラブヘッドの芯でボールをとらえるショットです。

②ストレート系

次のナイスショットはストレート系です。曲がるボールをコントロールする項目がこのナイスショットです。

③平行発射系

3番目がこの平行発射系になります。トラブルショットで木と木の間を抜くショットやパットで重要な項目になります。目標通りに出球の方向を取るショットです。

そして、①②③の3つすべてを同時に達成するボールが「スーパーナイスショット」になります。練習では最初から「スーパーナイスショット」を求めてはいけません。3種類のナイスショットから自分に必要なナイスショットを選択して練習しましょう。どの練習をするのかを決めてから練習して欲しいと思います。

12 ナイスショットの練習法

「ナイスショット練習はどのようにするべきか?」を考えてみましょう。

現実的にスイング部品でできることは、これまで述べたように「~のミスを防ぐ」のみですが、これを組み合わせて「ナイスショットに見せること」が技術になります。

前項でいう①の「ジャストミート系」ですが、これは「トップ防止&ダフリ防止」を組み合わせます。部品の意味を理解して、トップ防止部品とダフリ防止部品を1スイングに取り組んでください。そうすればクラブヘッドの芯でボールをとらえられるようになります。

②の「ストレート系」ですが、これは「スライス防止&フック防止」の部品を組み合わせます。スライスもフックもしなければ、自ずとストレートボールになります。

③の「平行発射系」ですが、これは「プッショ防止&プル防止」部品を組み合わせます。プッシュとプルがなければ、目標に打ち出すことができます。

ここで注意したいのは、「自分の癖を理解して、出やすいミスのミス防止部品」を強調することです。自分のミスの傾向と防止部品を知り、練習してミスショットを克服してください。また、自分のミスの傾向と防止部品がわかっていれば、コースでそのミスが出たときに即座に修正できます。

プロや上級ゴルファーはそのことができています。

次の項目から具体的な3つの「ナイスショット」の練習法を紹介します。

13 ジャストミート系ナイスショット

ゴルファーが最初に体得しなければならないナイスショットは「ジャストミート系」になります。よく会話で使われる「当たる、当たらない」になります。ボールをコントロールする前に常にミートできることがレベルアップの大切な順番です。

「スイング部品」を組み合わせてジャストミートを体得してください。

方程式は「トップ防止＋ダフリ防止」です。

「スイング部品」から「トップ防止部品」と「ダフリ防止部品」を組み合わせます。

まずはトップのミスが出るのであれば、「トップ防止部品」を使ってトップを完全に防止します。例えば「アドレスを近くして、バックスイングで上体の浮き上がりを注意」の2つの部品でトップを防止します。これで防止できないときは「ダウンスイングで左膝の踏み込み」を行います。

これでトップが収まってもダフリが出たら、今度は「ダフリ防止部品」を使ってダフリを防止するわけです。これを繰り返すことでジャストミートに見せることができるようになります。

もちろん、「トップ防止部品」だけでジャストミートできる人もいるでしょう。また、いきなり「トップ防止部品」と「ダフリ防止部品」を組み合わせて行って、ジャストミートに見せることができる人もいると思います。
大事なことは即効性を求めずに練習によって体得することです。

14 ストレート系ナイスショット

「ジャストミート系ナイスショット」を体得できたら、次のステップはボールをコントロールする技術になります。曲がりをコントロールして「ストレート系ナイスショット」を練習してください。

実際のプレーで、上級ゴルファーはストレート狙いをしませんので、フェード&ドローの練習につながることを伝えます。

方程式は「スライス防止＋フック防止」になります。

この「ストレート系」も「ジャストミート系」のときと同じようにスイング部品でナイスショットにしていきます。スライスで困っている人は「スライス防止部品」でスライスを解消して、もしもフックが出たら「フック防止部品」でフックをなくして、ストレートにしていくわけです。

また「スライス防止部品」と「フック防止部品」を同時に組み合わせて、ストレートにしていく方法もあります。

例えば、「グリップを少しフックに握って右肘を曲げて構え（スライス防止）、バックスイングで右腰を深く引き（スライス防止）、ダウンスイングで右手をコックして返らない感じ（フック防止）でスイングする」というものです。これは1つの例ですが、このように組み合わせてボールの曲がりをコントロールできるように練習してください。

15 平行発射系ナイスショット

最後のナイスショットは「平行発射系」になります。精度が問われるパットや林からの脱出に必要な技術になります。

方程式は「プッシュ防止＋プル防止」になります。

プッシュのミスが出ている場合は、「プッシュ防止部品」でプッシュを解消します。これでプルが出たら「プル防止部品」でプルを解消して、「平行発射系ナイスショット」を作っていくわけです。

また「プッシュ防止」と「プル防止」を同時に組み合わせて、「平行発射系ナイスショット」にすることもできます。

例えば、「ボールの位置を左にしてダウンスイングで左肩をキープ（プッシュ防止）、右手の軌道をボールより靴側（トウヒットＯＫ）にしてスイング（プル防止）」といったことです。パットのときはスライスラインとフックラインでボール位置を1センチ以内の少しだけ位置を変えるだけでも結果は変わってくると確信します。細かく注意してやってみてください。

16 部品の調合

ナイスショットの方法を紹介しましたが、いかがだったでしょうか？　最初は難しく感じると思いますが、頑張ってトライしてみてください。この方法が現実的にスイング技術を高める唯一の方法と確信します。

紹介してきた「スイング部品」は私が延べ2万人という生徒を見てきて、特に多いものを示しましたが、皆さん1人1人が固有に持っている「スイング部品」を使ってもらって結構です。もちろん、それらの組み合わせでナイスショットになれば、それほど強いものはありません。自分のナイスショットパターンができれば飛躍的にプレーのレベルは上がるはずです。

また「スイング部品」の「調合」も勉強して欲しい技術なのです。薬と同じように効かなかったら、違う薬も加えて「調合」するということです。

例えば、スライスを修正してストレート系を体得したいゴルファーがいたとします。練習時にこのゴルファーがスライス防止部品を1つ実行しました。しかし、スライスが直りません。この場合はさらにスライス防止部品を追加する、もしくは部品の強調度を強くしながらスライス防止を目指してください。

これがスイング部品の「調合技術」になります。全ゴルファーが同じ調合にならないことも伝えておきます。

17　コースでのスイング練習

スイング練習は「部品確認」か、または「その組み合わせか」の続編になります。

実際のプレーで必要な技術は「部品管理能力」です。様々な状況が存在するコースでのスイング技術は部品を管理して使うことが求められます。例で伝えます。

「つま先下がりで、右手前はバンカー」という状況です。クラブは6番アイアン。このとき、フェードで打とうと決めます。

あなたの思考回路は「スイング部品」の何と何を管理してアドレスに入るべきか？　を決めます。停滞期にいるゴルファーは「100点のスイング」を作れば万能に機能すると思ってしまいますが、現実のプレーではありえないことを確認します。実際のプレーではフェードになる部品を1つか2つ選択し、それらを管理したスイングを行ってフェードボールを打ちます。

1打1打で注意する「スイング部品」を強調しながらプレーするのです。上級プレーヤーは、この技術があるので「フェードやドロー」を打ち分けることが可能になります。

18 ボールをコントロールする

皆さんにとって「ボールをコントロールする」とは、どのようなことだと思いますか？

「ストレートでピンポイントに打てること」と考えている人が多いのではないでしょうか？

ところが、上級ゴルファーはいつでも上手くいったときとそうでないときの幅を考えています。

具体的には目標をピンポイントに置かず、エリアを設定して、「フェードかドロー」の球筋を決めます。ストレートはあくまで理想であって、現実的ではありません。

その他にコントロールする項目には「発射ライン、高さ、距離」があります。

上手いゴルファーとは、これらの内容が、上手くいったときとそうではないときの差が少ない人のことですが、決してピンポイント狙いではないということです。高さにしても距離にしても必ず結果に幅を持たせることです。

そのことを理解して、いかに良い結果に見せるかが技術になります。

ボールコントロールとはストレートボールではなく、フェードかドローのこと。

19 球筋の定義

上級ゴルファーがプレーで使うボールは「フェードかドロー」の2種類です。そうでないゴルファーはストレートボールを打ちたいと考えます。上級ゴルファーは次のように考えます。

「ストレートボールは理想であって現実的ではない。」

つまりフェードかドローのみでプレーするわけです。

では、フェードとドローを具体的に分解します。

フェード＝プッシュ防止＋フック防止

ドロー＝プル防止＋スライス防止

この内容をどのスイング部品で行うかは各ゴルファーによって違ってきます。

上達する人はこの法則に従って、フェードかドローを体得することを理解してください。

20 ちょうど良く打ちたい感情

ゴルフが上手くなるには「考え方」を修正することがスタートです。

上手いゴルファーとそうではない人には決定的な違いがあります。

それは、「ゴルフはちょうど良くは打てないものだ」という考え方です。「えっ?」っと思う人がたくさんいるのではないでしょうか? しかし、事実です。世界のトッププロが何のためにアイアンでティショットをすると思いますか? これはドライバーでは狭いところに打てないことを知っているからです。

ドライバーでたくさんOBを打っている人に「ドライバーを使わないほうがスコアは良くなりますよ」とアドバイスしますが、素直に3Wで打ったりアイアンで打ったりする人はとても少ないものです。

しかし、上手いゴルファーはあっさりアイアンを手にします。ここが大きな違いになります。上手くないゴルファーは「上手くないのに今度こそ上手く打てる」と考え、上手いゴルファーは「上手く打てないから3Wで打つ」と考えるのです。

ボールのヒットポイントに関しても、上手い人は「ハーフトップとナイスショットのみ」を使います。そうではない人はナイスショットのみを求め、出るボールは「ナイスショットとトップとハーフトップとダフリ」の4種類となります。

違いは「ハーフトップ」を受け入れるかどうかです。この差は6ヶ月経ったときに、とても大きな差になって表れます。もし、ちょうど良く打てるのならプロは18ホールをオールイーグルで上がれます。現実はちょうど良く打てない考え方のもと、どのくらい、ちょうど良く打っているように見せられるか？　が技術になります。

21　コピー能力

「100点のスイング」を作れば、すべてが解決可能でしょうか？　答えは「NO」です。

プロはいろいろなスイングをしています。共通項はなんでしょうか？　答えは「コピー能力」です。上手いゴルファーの共通項は「コピーが働くか、どうか」です。何回も同じことができる能力を高めています。

ゴルフのナイスショットは皆、同じなのです。初心者でもナイスショットは飛ぶし、素晴らしいボールになります。

では、どこに差があるのでしょうか？　答えはミスショットのレベルです。上手い人の特徴は、ナイスショットとミスショットの差が少ないことです。「ロジカルゴルフ」で伝えているのは、「ナイスショットは潜在能力で、ミスショットレベルがスコア」ということです。

そこで、スコアを良くするには、ミスのレベルを高くすることが絶対条件になります。プロの共通項は、１００点のスイングをしようが、60点のスイングをしようが何回でも同じことができる、もしくは差が少ないことです。

つまり、練習によって「コピー能力」を高めなければ、スコアアップは不可能なのです。

22　結果を忘れる

コースでプレーしている自分を思い出してください。

最高のティショット後のセカンドの7番アイアンで、どのようなことを考えてアドレスに入りますか？　良いプレーをするためには「することにこだわり、結果を忘れること」が重要です。

アドレスに入る前に結果を設定します。そして、その結果を作るために何を注意してアドレスに入るかが戦略です。ここまでが「シンキングＢＯＸ」です。そして、アドレス後は結果を消して、すること（戦略）にこだわります。「スイングＢＯＸ」に入るわけです。ここが、すべきことに集中する非常に重要な技術になります。

上級ゴルファーでも大切な場面を迎えると、この形が崩れ「することを忘れて結果を考える」プレーをしてしまいます。結果は設定しますが、アドレス後は「することに集中すること」が良いプレーには絶対必要条件になります。緊張する場面などでは特に注意してください。

ゴルファーの悩みに、「練習場ではナイスショットが打てるのにコースでは打てない」ということがあると思います。「ロジカルゴルフ」では、基本的に「練習場とコースは別物である」と考えるように伝えています。

停滞ゴルファーは練習場でナイスショットが打てるとコースでも打てるはずと期待します。しかし、結果はコースで上手く打てないことが多いですよね。打てない理由の１つが「スイングＢＯＸ」に入れないでスイングをスタートすることがあげられます。

アドレスに入ったら、すべての結果を忘れ、すべきスイングの注意点のみを実行することが良い結果につながります。良くない結果を反省しながら、練習することが上達への条件になることも伝えます。

23　スイングが早かったとは？

ミスショットしたときのお決まりの言葉です。

「スイングが早かった」

これをどのように解釈しますか？

一般的ゴルファーが連想することは「スイングの全体速度が速いのでミスショットした」、またば「タイミングが早い」、「ダウンを急いだ」などでしょう。その修正は「早かったと感じる部分をスローモーション的に振りたい」ということになると思います。

私が考える「スイングが早い」とは、「スイングの駒が抜けている」です。

例えば、フルバックスイングになる前にダウンスイングに入った。これはバックでの最終駒が抜けています。ダウンで左膝を踏み込む前にクラブが下りてきたなども同様です。

つまり、連続写真の数枚が抜けている状態です。決してスピードの問題ではないことを理解してください。修正方法は「スローモーションに振るのではなく、どこの駒が抜けているか」を探すことになります。ミスの原因がスイングが速かったと感じたら、スイングの駒が抜けていたと考えて、そこを埋めてスイングしてみてください。

24 飛距離に対する戦略

自分の飛距離を知ることは大切なことです。それもすべての番手の飛距離を知ることはレベルアップに必要なことです。

そこで、例えば7番アイアンの飛距離を140ヤードと知ったとしましょう。このときに、実践で145ヤードを打たなければならなくなったとします。このときに皆さんはどうしますか？

停滞ゴルファーは7番アイアンでプラス5ヤードを打とうとします。結果は力んでミスを犯します。上級ゴルファーは6番アイアンでコントロールします。

飛距離は現在の身体能力&技術で決定されてしまうものです。ところが、5ヤードくらいはダウンスイングでスピードアップすれば可能ではないか？　と考えるゴルファーが多いのです。現実的には5ヤードは厚い壁です。上級ゴルファーはそのことを理解しています。結論です。飛距離は自分のMAX（最大値）を確認して、その中でプレーします。1ヤードも越えてはなりません。1ヤード多く距離を求めることがスイングのミスにつながり、多くの良くない結果につながっていることを何回も見てきました。そのことを伝えます。

25 レイアウトからのディレクション

発射ラインにアドレスを合わせることは重要な技術となります。これはルーティン含めてです。そのことを、一般アマチュアが練習場でどのようにやっているかというと、マットのラインに合わせて構えるということです。つまり、マットラインを基準にしているわけです。しかし、その基準とはいかなるものでしょうか？

日本の練習場ではどこでも大体、四角いマットが敷いてあり、初心者のときから、そのマットに向かってアドレスを作ることが当たり前になります。つまり、ボールのところにあるマットの直線がアドレスの基準になるわけです。

しかし、実際のコースにはマットはありません。その場の景色から発射ラインを決めなくては正確なディレクションライン（発射ライン）は作れません。つまりは目標を定めたら、そこへ向かってディレクションラインを作り、しっかりとアドレスするということです。

ところが、一般のアマチュアがコースでどうやるかというと、ボールの近くにある、何かしらのラインを使いたくなるわけです。例えば芝を刈ったラインです。しかし、芝を刈る人はゴルファーに都合のいいように刈っていません。なのに、ゴルファーは練習場のマットで直線に敏感になっているため、景色よりも現実の直線を使ったディレクションを行うわけです。こうして間違った方向にアドレスしてしまうことになるわけです。

上級ゴルファーになるにはマット現象から脱出して、ボールの近くにあるラインに頼ることなく、景色からディレクションを作る技術を身に付けなければなりません。このことは練習場から行う必要があります。マットのラインと違う方向に目標を定めて、そこに向かってしっかりとディレクションラインを作り、アドレスできるようにしてみてください。

26 原則部品で修正

ある注意をしてスイング練習しました。そのスイング部品は何のミスを防げるのでしょうか?

その意味を確認します。停滞ゴルファーは感情にすべてが支配されていますので、ミスショットを本能や感情的に防げそうなことを行ってしまいます。上達ゴルファーは感情ではなく現実的、具体的スイング部品で修正します。レベルアップの思考的順番はどのようなものでしょうか?

(1)自分の管理するスイング部品は「何のミスを防ぐ部品か?」を明確に確認する。

(2)修正は自分の信じるスイング部品のみで行う。

感情的、本能的に修正した場合は、その場限りの修正で、根本的な修正にはなりにくい。修正をコピーできるようになり、ミスショットをしなくなることができるのです。

27 クラブの動きとボールをつなげる

上級ゴルファーとそうでない人の違いはたくさんあります。スイングに関して、大きな違いの

体の動きとクラブの動き、そして打たれたボールをつなげて考えるようにする。

1つとして、これからお話しすることがあります。

大抵のゴルファーであれば、体の動きに注意してボールを打つでしょう。そして、自分が打ったボールの結果を確認することも行うでしょう。問題はスイング中のクラブの動きまでを感じ取るということです。クラブの動きとは、シャフトのしなり、プレーンとフェースの向き、ヒットポイントなどです。


「体の動き」→「クラブの動き」→「打たれたボール」


この3要素をつなげて考える人は上達ゴルファーです。

「クラブの動き」を感じないで、「体の動き」と「打たれたボール」のみをつなげる人はまだ上達ゴルファーになっていません。レッスンでこのことを伝えると「そんな難しいことはできません」と言う生徒がたくさんいます。

しかし、「クラブの動き」までを考えることは、プロを含む上級ゴルファーには当たり前のことです。クラブの動きを感じられなければ、ナイスショットの原因やミスショットの原因も当然、分析は不可能です。そして修正力もつきません。なので、できなくても知ろうとすることが重要です。常に伝えている「今はできなくても意識すること」がスタートになり、必ずレベルアップすることになります。

第4章 コース戦略技術

スイング技術をカバーする技術が「コース戦略」であり、プレーの技術です。コース戦略とスイング技術をつなげることが良いプレーにつながります。この章の内容を理解してスコアアップにつなげて欲しいと思います。

1　コース戦略とは?

ゴルフのスコアはどのように作られているのでしょうか?

停滞ゴルファーはスイングに重点をおきますが、実際には「コース戦略とスイング部品管理」の2つの技術から作られていることを理解してください。

スコアメイクに欠かせないコース戦略の「考え方」ですが、停滞ゴルファーは「どこに打ちたいか?」を考えます。良いスイングをすれば狙った地点に打てるからと考えるわけです。

上級ゴルファーは少し違います。最初に「どこに打ってはいけないか?」を決めます。次に「どこに打ちたいか?」を考えます。この考え方と戦略が決定的なスコアの違いを作るのです。

世界のトッププロがアイアンでパー4のティショットを打つ理由を考えてください。答えは、打ってはいけないところに打ちたくないからです。理解していただけたでしょうか?

今回のメッセージをどのように考えるかによって、皆さんのレベルアップは大きく変わってくることを伝えます。

2 コースは生き物

上級ゴルファーになるための重要な要素、それは「コースを読む技術」です。夏と冬では同じコースでも難易度が違うことを勉強してください。なぜでしょうか？　検討してみましょう。

冬は風が強い！　ボールが止まりにくい！　ボールが転がる！　よってコースが狭くなります。その他、グリーンが乾燥しているためによく曲がる、気温が低く、体が固くなるのでスイングもミスしやすい！　他にもたくさんの違いがあることを理解してください。

では、夏はやさしいかといえばそんなことはありません。ラフが伸びている、グリーンの速度が変わりやすい、体力を消耗しやすい。もちろん、通年を通して、ピンポジションやティマークの位置も変わります。そうした違いをプレーするときはしっかりと理解して、今日は難しいかどうかという難易度を自分で判断できるように意識してください。

一般ゴルファーはスコアが良くないと、「すべてをスイングの失敗」と考えることが多いものです。しかし、コースの状態によっても結果は大きく変わってくることを理解してください。スイングレベルが同じでも、コース自体が難しいときは良い結果になりにくいのです。

コースは生き物であるということです。

3 危険察知能力

上達ゴルファーの大きな特徴に「危険察知能力」があります。

これは、今ある状況から次の1打を打つときに「何が危険か?」を知る判断技術を持っていることです。上級ゴルファーほど、このレベルが高いことになります。

停滞ゴルファーの考え方は「上手いゴルファーはボールを上手く打てるから上手い」という考えから抜けられません。したがって「危険な地点を探すことより、打ちたい地点に打つ方法がわかれば危険地帯など知る必要がない」と考えるのです。

ラウンドでは、リスクとメリットのバランスを判断する必要があります。リスクを考えたうえで、自分の持っている技術を駆使してメリットを考えます。

実際のプレーで考えましょう。狭いホールのティショット、停滞ゴルファーは「上手く打てればフェアウェイのセンターに打てるはず」と考えて、「ドライバー」を手にします。次に上級ゴルファーです。「ドライバーで上手く打てなかったらOBとなる」と危険を察知します。つまりこれが「リスク」です。だから「3W」を選択するわけです。

これと同じで、パットで停滞ゴルファーは気合を入れて1パットのみを考えます。一見、ポジティブのように感じますが、結果はネガティブな3パットです。対して上級ゴルファーは「1パットは厳しい」と判断して「2パット狙い」にし、「3パットのリスクを減らそう」とします。これは一見ネガティブに感じますが、結果は2パットでもポジティブです。

再度確認しましょう。上級ゴルファーは最初にリスクを考えます。そのためには危険なことを察知する習慣形成が大切です。停滞ゴルファーは危険度の判断自体を練習する必要があるのです。

4 刻む理由は2つ

上手いゴルファーは狭いホールやハザードなどがあるときに、刻むプレーをすることが多々あります。停滞ゴルファーは上手く打てれば狙った地点に打てるという考え方から抜け出せないために、刻むプレーを選択しません。プロや上達ゴルファーは違います。刻む理由を考えましょう。

攻撃的要素を考えると、バーディパットを打つためです。いきなりこう断言するとわからないかもしれませんが、ティショットでOBや林に入れてはその時点でバーディを取る可能性を失います。しかし、そうしたリスクを減らして刻めば、パーオンができ、バーディが獲れる可能性があります。

停滞ゴルファーはドライバーを飛ばしてセカンドを短いクラブで打てればバーディが取れると思いますが、狭いホールでは少しのミスでもグリーンが狙えなくなります。そのリスクを回避する。そこでプロや上級者はドライバーを持たない選択をするわけです。

しかし、このことを一般アマチュアに伝えると、次のような返答がきます。

「ドライバーを3番ウッドにしてティショットをしたとしても、OBになるかもしれない。だったらドライバーで潔く打ちたい」

頷いている人もいるでしょう。しかし、3WでもOBをするかもしれないと思ったら、5番アイアンで打つべきなのです。この違いがスコアに表れます。

そこで、短く狭いパー4の選択を整理してみます。

①ドライバーでナイスショット&セカンドPW

ドライバーでミスショット＝ペナルティ

コースが狭く、OBやトラブルがあれば、サッと刻めるようになること。

②３Ｗでナイスショット&セカンド８番アイアン
３Ｗでミスショット＝ペナルティ（確率的にはドライバーより少ない）
③５番アイアンでナイスショット&セカンド５番アイアン
５番アイアンでミスショット＝ペナルティにはならない
このどれにするかは平均ストロークがよくなる選択がＢＥＳＴです。
刻むプレーのメリットはなんでしょうか？
④ペナルティのリスクを減らす（守備的戦略）
⑤パット勝負に持っていける（実は攻撃的戦略）
つまり、スコアにこだわるプレーをするのであれば、どちらかの条件を満たすことが刻む条件となります。

ＯＢやトラブルのリスクを避け、３Ｗでティショットを打ち、結果バーディが取れると上級ゴルファーは非常に嬉しいのです。

5　ライの定義

上手いゴルファーは「ライを判断」します。何のためでしょうか？　その目的は使用クラブを限定することです。

一般ゴルファーの使用クラブの基準は「必要な距離」ですが、上級プレーヤーは「ライ」を判断基準にします。プロはこの判断が的確だから、使えるクラブしか使わないのです。当然、ミスショットは少なくなります。

「良いライ」とは？　ハーフトップにヒットして「キャリーするライ」です。ボールが上がるライです。

「悪いライ」とは？　ハーフトップに打って「キャリーしないライ」です。トップになりやすいライということです。ここを考えてください。

次の1打で使いたいクラブを使えるか？　をこの定義に当てはめてください。

例を話します。使いたいクラブが5番アイアンとします。ボールが止まっているライから良いライの定義に当てはめます。ハーフトップにヒットして「キャリーする」と思えば5番アイアンは「使用可能」で、キャリーしないと判断したら「使用不可」です。

上達したいのならば「ライの判断」を意識してください。

6 風の影響を知る

状況判断の1つ、「風」に対して、長年レッスンしてきた経験を伝えます。

弱い風を気にしないゴルファーを多く見てきました。ラウンドレッスン時にアドバイスして、初めて理解する生徒がたくさん存在していました。

陸上の100メートル競技は「12秒05、向かい風1・5m」などと表示されます。つまり、走る記録に風が影響することが証明されています。体重50キロ以上の人間に影響がある風であれば、50グラムのボールならばさらに影響があることは間違いありません。弱い風でもボールに影響が出ることを知ってください。

強い風のときなどは、アプローチやパットも影響されます。この事実を考えることがレベルアップには不可欠になります。今から打つ1打に対して、常に風を意識してください。

7 結果設定のイメージ

上級ゴルファーは打つ前に現実的な結果を設定します。そうではないゴルファーは最高の結果もしくは、希望的結果を望む特徴があります。結果設定は「ロジカルゴルフ」では技術と考えています。

この結果設定技術は自分の技術を使い、「ボールが止まる地点」を打つ前に決めることです。上級ゴルファーはこれを当たり前のように設定します。では、どのように決めたらよいのでしょうか？

イメージは今から打つ1打を10球プレーすることを想像します。その10球でボールの散らばりをイメージします。散らばった、すべてのボール（もしくは7球～8球）が収まるように、エリアで結果設定することが重要な技術です。

このエリア内にボールは止まる。それを常に考える習慣をつけること。これだけでゴルフレベルをアップすることができるのです。

エリアの広さや狭さは、皆さんの技術によって変化することを伝えます。

8　最高のバンカーショット

ショートゲームをテーマとしたレッスン会での一幕です。

「バンカーショットが得意の方？」と私が聞きます。手を上げる人は誰もいません。そこで、バンカーショットの方法をレッスンします。すべての生徒が脱出できるようになり、レッスン終了です。集合してもらい、私から一言。

それはどんなことでしょうか？　答えは次の言葉です。

「最高のバンカーショットは入れないことです」

生徒たちは笑いながらこのように意見します。

「入れたくなくても入ってしまいます」

さらに私からのメッセージです。

「入れたくないのは感情的に皆、同じです」

上達ゴルファーは入れないために具体的な戦略があります。入れたくないと思うだけではなく、入れないために何をすべきか？　を考えることが技術です。

このことはバンカーショットのレッスン後に必ず伝える内容です。

最高のバンカーショットはバンカーに入れないこと。

9　1ストロークで済ませる

ゴルフはミスの競技です。プロでもOBは打つし、3パットもたくさんします。しかし、プロを含めた上級ゴルファーはなぜにミスをしても良いスコアでプレーできるのでしょうか?

答えは「ミスしたときの処理」にあります。一般のアマチュアは絶対に打ってはいけない場所を判断していないことが多いのです。いとも簡単に絶体絶命の位置に打ちます。さらにちょうど良く打ちたい感情から連続ミスを重ねます。プロや上級ゴルファーも絶体絶命の地点に打ってしまうときはあります。

しかし、その後の処置を「1ストローク」で済ませる。つまり、そのミスを認めて、1ストロークで足したスコアであがることです。強いて言えば、1ストロークで収めるようにすることです。そのことが大きな差を生みます。

大切なことはミスを認め、最小限でホールアウトすることです。ミスはいきなり取り返そうとしてはいけません。もちろん可能ならばトライしますが、無理なときのペナルティは1ストロークです。一般のアマチュアが大叩きするときは、1度のミスを取り返そうとして次のミスを生みます。それもちょうど良く打ちたい感情に負けて、さらにミスを続け、最後には1パット狙いで

3パットのおまけまでついてしまうのです。

注意して欲しいことは、ミスしたあとも冷静に戦略を作ってプレーすることです。林から出すときに「何ヤード」打つべきかを考えているゴルファーが少ないのも事実です。目の前の景色に打とうとして距離を決めていないことが多いのです。

また、一度の大叩きでその日のプレーを諦めてしまう人もたくさん見てきました。そのようなプレーをしている以上、上級ゴルファーになることは難しくなります。上級ゴルファーはどんなときでも絶対にゲームを捨てない人です。常に今からベストを尽くして18ホールを終わる習慣を持っている人です。

そして、いつでもミスしたら「1ストロークで済ますこと」を忘れないでください。

10 設定内の結果を意識する

アドレスに入る前に考えなければならないことがゴルフにはたくさんあります。「ロジカルゴルフ」で「シンキングBOX」と伝えている内容です。その中の「結果設定」を検討します。前項で述べたように、上級ゴルファーはアドレスに入る前にボールが止まる場所を設定しています。

では、そうでないゴルファーは2種類に分類されます。1つは「結果設定がない」ゴルファー。これは打ってみないと結果はわからないから設定できないと考える人です。もう1つは「理想のポジションのみ」を設定するゴルファー。これは希望的観測が多いのです。設定しない人は設定してもそのようにならないから意味がないと考えますが、上級プレーヤーはここにこだわります。

設定した結果にならないとすれば、設定自体に問題がある場合が多いと感じます。どのような場合かというと、「自分の技術より厳しい設定」しかしない、だから失敗して当然なのです。上手い人は自分ができることを判断するため、結果設定内の結果になりやすいのです。だから将来的に上級プレーヤーになるためには「アドレスに入る前の結果設定」と「実際のボールの止まる場所」に差がないようなプレーを心がけることです。このことがレベルアップには不可欠なのを理解してください。

11　曲がるボールを武器にする

上手い人とそうでない人はどこが違うと思いますか？　予想される回答は、「良いスイングをして素晴らしいボールを打つことに違いがある」ということでしょう。これも大切な事柄なのですが、その他にもたくさんあります。

私が感じる最大の違いは「考え方」です。例をあげます。

練習場で50球、ドライバーで打ったとして、それがすべて「スライスボール」だったとします。このとき一般のアマチュアはどう思うでしょうか？

①困った。明日のラウンドは右ＯＢで失敗しそうだ↓どうしたらスライスがなくなるのだろうか？

②明日も今日の症状ならスライスしか出ない！↓明日のプレーは「コースの左サイドからスライスボールをコントロールしてスコアを作るぞ！

①は理想を求めてスライスを修正しようとしますが、練習場でオールスライスなら修正は不可能です。

②は反対にスライスボールを武器にしようと考えています。このほうが現実的にスコアを作れ

ます。

ゴルフはボールを上手く打つだけでは「良いスコア」は出ません。上手い人とそうでない人には、たくさんの違いがあることを理解してください。

12　1ストロークの価値

ゴルフという競技の特徴は「ドライバーの1打と1メートルのパットが同じ1打」ということです。スコアアップには、どちらの価値が重要だと考えますか？

良いスコアを出すという目標を持っている人は「パットの1打のほうが重い」と理解してください。

それでは質問です。ドライバーの練習とパットの練習とどちらを多く練習していますか？　ここで「パットです」と答えた人はすでに上級者、もしくは上級者になる「資質」十分です。皆、パットが大切なことを理解しているのに練習は少ないのです。私が考えるその理由です。

①ドライバーのほうが派手で楽しい

②パットは偶然の1パットが練習しなくても時として出る（これを実力と勘違いします）。レッスンをしてきてわかったことに、上級ゴルファーほどパット練習をします（プロは当然、練習量が多い）。

プロや上級者は、ゴルフのスコアは最終的に「パット」でしか減らせないことを理解しています。

ドライバーが300ヤード飛ぶ人と220ヤードしか飛ばない人がプレーをしても1打の差はつきません。でもパットは明らかに1打の差がつくのです。昔から「ドライバー・イズ・ショー&パット・イズ・マネー」と言いますよね。レベルアップしたい人は少なくともドライバーの量と同じだけパットの練習をしてください。

13 打ちたいボールと打てるボール

上級ゴルファーとそうでない人のたくさんある違いの1つです。上級ゴルファーは「打てるボールでプレーし、そうでないプレーヤーは打ちたいボールでプレーしようとする」ことです。

ゴルフにロマンを見ることはいいことですが、実際のプレーでは「偉大なるリアリスト」になる必要があります。上級ゴルファーは打てるボールを理解しているが、そうでない人は理解していない事実があります。

例えば、左から強い風が吹いていてフックボールを打つとか？　左下がりのライからロングアイアンで高いボールを打つなど？　他にもたくさんありますが、このようなショットは私のファイル集の「高等技術項目」に入っています。

プロには可能かもしれませんが、一般アマチュアにはかなり厳しい事柄です。たとえ1回上手くいっても、次は失敗しやすい項目なのです。

つまり、実際のプレーでは「自分の技術を理解すること」がとても重要です。「私は、どんなボールが打てるか？」をアドレス前に判断し、それをコースレイアウトに乗せることが、良い結果につながるのだということを理解してください。

14　打ったボールと実際のボール

いつもスライスばかりしている人が、コースでプレーしていてナイスショット！　スライスしていないことに、本人は大喜びです。「スライスが出なくなったぞ」と思いますが、果たして真実でしょうか？

例えば風が右から左に吹いていたとします。自分が打ったボールはスライスでも風の助けでストレート系ボールになります。つまり出るボールは状況とスイングから作られているということです。

何パターンか紹介します。アゲンストは高いボールになりやすい。左からの風はスライスになりやすい。つま先上がりはフックになりやすい。このようなことを理解して、これに自分のスイングで出るボールを合わせます。そして実際に出るボールが決まるということです。

そのボールをアドレスに入る前に、予測することが良いプレーの条件です。

15 フェアウェイを最大に使う

ドライバーでティショットを狙うときに球筋を考えていますか？

「私は打ち分けられないからセンター狙いです」

このようなプレーをしている人はフェアウェイを半分しか使っていません。

では、最大に使うには？　それはフェードかドローかを決めることです。そして、ストレート狙いはしない。

「私にはそんなことはできない」と思っている人がたくさんいると思います。そのように答えた人に「では、ストレートに打てていますか？」と聞くと、答えはノーでしょう。右に曲がるか、左に曲がるボールに必ずなっているはずです。

それだからこそ、コースでプレーするときに予測することから始めてください。風を読んで自分の癖を考え、「フェードになるか？　ドローになるか？」を予測するわけです。

そうしてフェードが出ると予測したら、フェアウェイの左いっぱいに発射ラインを取ってください。ドロー予測なら右いっぱいからです。たとえ上手くいかなくてもやってみてください。練習するつもりでやってみるのです。こうすれば、少しずつ精度が上がっていくはずです。

そして、スイング管理技術がレベルアップしてきたら、可能領域で「フェードかドロー」を自分で作り出します。自分の経験から18歳のとき、超スライスボールを予測してフェアウェイにボールを止めることを覚えたのが昨日のことのように感じます。勇気を持って実行してみてくださ

左サイドが池の美浦GC16番ホール。スイング管理技術でドローボールで攻める。

い。

16　曲がったボールで攻める

「ストレートボールが正解、曲がったボールは不正解」

ゴルフを始めた日から潜在的に、このように考えているゴルファーが多くいるのが事実です。

では、プロはどのようにプレーしているのでしょうか？　結論は「ストレート狙いはしない」です。必ず「フェードかドロー狙い」のみです。

何故かと言うと、ストレートは非現実的な夢のボールだからです。それよりも曲がりを決めて、曲がってもOKの狙いを持つことのほうが結果を設定しやすいわけです。

例えば5番アイアンでピンの右10ｍからドロー狙い。右が広い状況ならこのような狙いで良いわけです。発射ラインを決め、曲がるとしたら左のみというボールでプレーすれば、距離が合っている前提で最大ピン10ｍにオン、ドローしたらもっと近くに寄る！　このように幅を持たせたフェードかドローでプレーする習慣を練習する必要があるわけです。

そして、スイング管理レベルが上がってきたら、発射ラインを10mから5mに、さらに3mと狭く狙うようにしていけばいいわけです。最初はグリーンの外（右か左）から打つくらいからスタートすることを勧めます。自分の打てるボールの精度によって発射ラインをコントロールしていけば、少しずつスコアアップにつながることを伝えます。

17　良い戦略とは？

コースでプレーしているとき、2種類以上の選択内容をどのように判断をしているでしょうか？　これは以前にも少し話しましたが詳しく述べましょう。

例えばティショットでドライバーか3Wか？　アプローチでSWかパターか？　その判断基準は平均的な結果です。その状況から10回プレーして平均がよくなる方法を選択します。ところがよく見るプレーは「最高の結果のみを考えて、結果最悪」というものです。

プロがティショットを3Wやアイアンで打つ意味を考えてください。プロは平均ストロークを考えているのです。「この選択をしたらどのような結果になるか？」を平均的に考えます。一般アマチュアは「どうやって上手く打つか?」のみを考えて平均的結果を考えない傾向が強いといえます。

例えばSWのフェースを開いたスーパーロブショットです。以前、私の生徒であるトップアマと会話したときに、「できればその技は使いたくないよね」と。ティショットでは「ドライバーを使わないで済むならそのほうが楽ですね」と。この会話の意味は、難しい技やクラブは平均的に良い結果は出にくいということです。

プロだけでなく、アマチュアの皆さんこそ、常に「平均的結果を意識した戦略」を考えてください。そして、それを記録することです。地味なレベルアップを記録して、データとして分析し、レベルアップを感じてください。

18 積極的プレーとは?

「原因と結果」を違った表現でします。それは「することと結果」です。皆さんはどちらを考えてプレーしますか? そして積極的なプレーとはどのようなものでしょうか?

例えば、失敗を恐れないで勇気を持ち、何も考えずにドライバーでフルスイングしたとします。これは一見、積極的なプレーのような感じがしますが、実は「無謀なプレーで消極的思考」です。理由は、良くない結果が予想できるからです。

私が考える積極的プレーとは？「具体的にすることのプランがあり、それを実行するプレー」です。これは結果が予想できるプレーなので、消極的に思えますが、実は積極的プレーなのです。わかりやすく言いましょう。

3パットの可能性があるパットで、勇気を持って自分を信じて1パットを狙う。これは「積極的に見える消極的プレー」です。同じケースを必ず2パットで行こうと考え、「どこに何メートル打つか？」を決めて実行する。これが「消極的に見える積極的プレー」です。

短く狭いパー4のティショットで、アイアンでティショットを打つことをしっかりとプランして迷いなく実行することが積極的プレーです。何もプランしないでドライバーで度胸よく振り抜くことは消極的プレーです。

結論です。自分が決めたプランを迷いなく、勇気を持って実行するのが積極的プレーです。前にも同じようなことを話しましたが、非常に大切なことなのです。

19 原因と結果の管理

皆さんに質問です。「原因と結果」で、自分の管理下にあるのはどちらでしょうか？　結果ではなく、原因と理解できますよね。では、「原因」とは？　これは「すること」です。

パットを例にしましょう。2メートルの下りのスライスライン！　どのような原因(すること)を管理しようと意識しますか？

「スライスラインだからカップの左に打つ、下りだから弱く打つ」が一般的に多い「すること設定」ではないでしょうか？　私は「下りだから2カップ手前の距離感で打ち、カップの1ボール左に発射する。そして結果は打ってみなければわからない」と考えます。

いかがでしょうか？　私の「すること」は「強く弱く」より具体性があることを理解していただけたと思います。そして「結果は管理下にはない」ことを理解してください。すべての結果は打ってみなければわからないのです。だから具体的な戦略が重要で「すること」を決めることがプレーヤーの管理下にあることなのです。ここが技術です！

しかしゴルファーは「～をすれば絶対に上手くいく」という魔法の情報を欲しがるのです。そんな方法は絶対に存在しないのに。結果は打ってみなければわからないことを、しっかりと理解

ラインを読むときは何カップ右か左か、何センチ手前か先かを決める。

して情報を判断して欲しいと思います。

20　技術は使えること

すべての技術に共通しているのは、「使えて初めて武器」になるということです。

例えばスイング部品です。バックスイングで、これを注意すると何のミスが防げるのか？　を理解しますよね。そして「使う」とは、そのミスを防ぎたいときに、バックスイングであれを注意して実践できるということです。これで実際にそのミスが防げた、または小さくなった、となれば、そのスイング部品の管理が機能しているといえます。つまり、「使える技術」となるわけです。

たくさんのことを知っていても、実際に「使える技術」が少なければプレーには役立ちません。スイングに関しては部品の意味を理解し、各部品を組み合わせられることが実際のプレーでは重要です。

「100点のスイングを作れば万能に機能する」と一般アマチュアは思いがちですが、まったくそんなことはありません。例えば、つま先下がりの7番アイアンとつま先上がりの7番アイアンでは強調する部品が違ってきます。万能には機能しないのです。なので、状況に応じて、的確な判断と部品の組み合わせを実践できるかが、良い結果を作るうえで絶対条件になるのです。

21 感情を管理する

皆さんのプレーを振り返ってください。

狭いホールのティショットです。ドライバーで上手く打てればフェアウェイに打てるはず、もしくはドライバーで打ちたいと思うでしょう。グリーン周りのアプローチ。これはパターで打とうか、SWを使おうか、と悩みますよね。それもTVで見たプロのようにかっこよくSWでロブショットをしようかなど、凄いことまで考えると思います。

では、皆さんのプレーを振り返ってみた場合、選択権を支配しているのは「感情」ですか？それとも「戦略」でしょうか？

上手くなれないゴルファーの多くは感情に選択権を支配されています。スイング中もダウンスイングは軌道を無視してフルスピードです。つまり自分のやりたいことのみで作られたプレーになるのが感情優先のプレーです。

一方、上級ゴルファーのプレーは違います。自分がしたいこととすべきことの違いを理解して、ベストな戦略を判断してプレーします。つまり、すべきことのために感情を管理することが、レベルアップには不可欠な技術になります。

22 自分のパー

上手いゴルファーは自分の技術レベルを計ることができます。決して過剰評価しない特徴があります。そうではないゴルファーは自分のレベルを最高の結果で判断する傾向があります。

ゴルフのレベルは平均値です。自分の平均値でのスコアの設定も技術になります。

USオープンなどの難しいコースセッティングでは、世界のトッププロでも自分のパーを変更します。一般アマチュアがレベルアップのためにこの技術を体得できれば、自分自身の課題を探すことができます。

例えば1ラウンド90が平均ストロークだったとします。このゴルファーはすべてのホールをボギーで上がることが自分のパーになります。つまり、このゴルファーがパーでホールアウトできればバーディになります。

ところが上手くないゴルファーの特徴は、自分のパーを目標にすればよいのに、すべてのホールでパー以上のプレーを求めます。その結果はダブルボギー以上を叩いてしまうわけです。では、皆さんのプレーはどうでしょうか?

23　戦略は様々

350ヤードのパー4です。皆さんの戦略はどのようでしょうか?

ゴルフの楽しさの1つは「自分の戦略」でプレーすることです。同じティから打ち、最終的にカップインするまで、すべての人が違う地点を経由します。まるで人生のようですね。ある人はドライバーとPWを使い、ある人は3Wと7番アイアン、またある人は4番アイアンと5番アイアン、そしてアプローチでグリーンに乗せます。そしてその3人がいずれも同じパーを取るということがあります。

人それぞれ、飛距離や持ち球も違います。それだけに自分にとってベストな戦略を作ることが上達ゴルファーの条件です。他のゴルファーに左右されず、自分の武器を使って戦略を作ることです。それで良い結果になったとき、ゴルフを本当に楽しく感じることができます。

24 リスク回避を優先

一般アマチュアの考え方です。

「私は上手く打てないから上手くない」、だから「上手く打つ方法」を探して体得できればすべて解決。こうした考え方をする人はリスク管理には興味がありません。

一方、上達ゴルファーは違います。調子が良くないときでもスコアを崩さない技術があります。何故でしょうか？

「私は上手く打てないから、リスク管理を優先しながらプレーしよう」と考えるからです。これが大きな違いです。

スコアに波があるゴルファーは自分のプレーを振り返ってください。

例えば4回のラウンドが、75、74、85、88のようなスコアでプレーする人は、調子が悪いときにスコアを取りに行きます。パー&バーディを狙ってプレーするわけです。しかし、バーディを狙って取れるようならプロは毎回60台が出せます。

アマチュアのハンデは10枚のカードのうち、良くないスコアの5枚（調整スコア後）がカットされます。したがって波があるゴルファーのほうが良いハンデを取得します。ところが競技は違います。3ラウンドの競技は54ホールすべてのスコアが採用されます。良くないホールのスコアがカットされることはありません。つまり、競技は平均レベルの高さを争うことになります。そのためにもメリット以上にリスク回避が大切になるのです。

25 林からの脱出

ティショットを曲げてしまい、林の中からセカンドを打ちます。残り80ヤード、低く打てれば枝に当たりません。皆さんが使うクラブは何になりますか？

林に入ったらボールの高さ、低さをクラブで決め、
出したい場所までの距離を把握して打つ。

停滞ゴルファーの特徴はウェッジを握って低く打つことを考えます。結果、低く打てずに上の枝に当てるプレーを多く目にします。80ヤードという距離を優先して、ウェッジを握り、次に低く打とうとした結果です。

上級ゴルファーは優先順位が違います。まず低く打てるクラブを持ち、80ヤードの距離をコントロールすることを考えます。フルショットしたら大オーバーのクラブですが、飛ばさない技術を使います。優先順位は低さが出るクラブ（上がり過ぎないクラブ）で飛ばさないスイングマネジメントを考えます。

どちらの方法が現実的でやさしいでしょうか？　ロフトのあるクラブで引く打つことは難しいのです。上級ゴルファーほど、やさしい技術を使うのです。それがミスの少ない技術であり、ピンチから脱出できる方法なのです。

26 フェアウェイバンカー

パー4のティショットで、今回はフェアウェイバンカーにつかまりました。あごに近い位置で残り150ヤードです。皆さんのクラブ選択は何になりますか？

150ヤードのクラブで打ちたい気持ちはわかりますが、重要なことはバンカーからあごをクリアして出すことです。なのでダフリは禁物ですし、ジャストミートを求めてダフってもいけないわけです。

となれば、ハーフトップとなるスイング技術を使って、バンカーのあごを越えることです。たとえグリーンに届かなくてもこの条件がフェアウェイバンカーでは優先です。すべてのクラブで出ないときは、ガードバンカー同様にSWでエクスプロージョンショットを行わなければなりません。上級ゴルファーはそうしたことを選択できます。

対して停滞ゴルファーは距離優先のクラブ選択をします。結果はもう一度バンカーから打つことになります。そしてお決まりの、どうやって打てば上手くいくのか？」という魔法を知りたがるわけです。距離を優先しているうちは魔法はありません。

27 100点を探すより60点をつなげる

停滞ゴルファーは100点を取れる方法を「考えない方法」で探します。こうしていつまでも100点を求めてミスを繰り返し、スコアが良くなってはいきません。

では、上級ゴルファーはどうかといえば、100点をそもそも求めません。それは100点は理想ではあっても現実的ではないということを知っているからです。球筋はフェードかドローから選択して決め、ストレートは打てないと考えることが1つの例になります。

では、上級ゴルファーはどのようなプレーをイメージするのでしょうか? 回答は60点以上の結果をつなげて18ホールプレーすることです。

ドライバーショットならばOBや林に入れず、ラフで止める。アプローチなら寄らなくてもグリーンに乗せる。バンカーからは1ショットで出す、などです。

このようなプレーをつなげれば80台のプレーになることを理解してください。

28 平均台から落ちない

ゴルフの特徴は平均点を競うことにあります。最大値ではありません。

陸上のハンマー投げは1本の最高記録を争いますが、ゴルフはその正反対です。18ホールのプレー中、ドライバーでスーパーショットを1球放ったとしてもスコアはほとんど変わりません。逆にパー4でティショットをラフ、セカンドを手前のグリーンエッジ、アプローチを1・5メートルに寄せればパーが取れます。このように最高の1打がなくても、パーやときにはバーディを取ることもできます。

すべての項目をレベルアップすることは永遠の課題になりますが、コースでのプレーは平均台から落ちないプレーでありさえすればよいわけです。つまり小さなミスで抑え、次の1打につなげることが18ホールでの良い結果につながります。

17ホールで素晴らしいプレーをしても、1ホールの大叩きでトータルでは良くないスコアになるのがゴルフの特徴です。ハンマー投げのように1本のベストショットではなくトータル的、平均的結果を考えたプレーが必要なのです。ハンマー投げはベストを競う競技で、ゴルフは平均点を競う競技です。

29 最高スコア、最低スコア

1ホールの最高スコアはイーグル（－2）、対して最低スコアは無制限です。この特徴がゴルフを面白くしています。

1ホールでトリプルボギー以上のスコアを打った場合、それを1ホールで取り返すことは不可能です。プロのレベルでもボギーはしょうがないスコアと考えます。それは1つのバーディでイーブンに戻せるからです。

しかし、ダブルボギーは年間数回（ほとんどのゴルファーはゼロ）しかないイーグルが必要となります。そこで、プロはバーディを2ホール取ってイーブンになることを目指します。つまりボギーより悪いスコアの場合、1ホールでは挽回不可能と考えてプレーするわけです。

だからボギーを受け入れ、ボギーで止めることが重要になるのです。70台のプレーを目標にしている人はボギーを受け入れることが上達への近道です。80台を目標にしているならダブルボギーで止めることが大切です。

30 素振りの意味

練習でもコースのプレーでも、これから打つ1打に対して素振りを行いますよね。アドレス前の素振りです。皆さんは何を考えて素振りをするのでしょうか?

上級ゴルファーはスイングマネジメントを確認します。スイング部品の注意ポイントを軽くリハーサルすることが大切です。自分の犯しやすいミスを防止するポイントやこれからやろうとするショットを放つためのポイントをチェックしながら素振りをすることです。

停滞ゴルファーは何も考えず、リラックスするために素振りしていることが多いと思います。これでは素振りが実際のショットをするための役にはほとんど立ちません。具体的なスイングの注意項目を1ポイント以上、注意することを習慣にできれば結果は必ず良くなります。

「スライスを防ぐために」「ダフリを防ぐために」「ディレクションをあのラインに出すために」「バックスイングでは」など、自分のそのときに必要な注意ポイントを素振りで行うわけです。そうした素振りをして、その1打がたとえ上手くいかなくても常に素振りではそれを行ってください。訓練を続けてください。

こうした素振りによって小さな変化ができてきたことを感じ取ることも重要です。

目標と弾道を決めたら、そのショットの出る素振りを軽くしてから打つ。

31 スコアと内容

スコアが良くて内容も良かった！　これは理想的なラウンドですが、全ラウンドの何％あるのでしょうか？　ほとんどのラウンドは「内容が良くてスコアが悪い」、「内容は良くないがスコアはまとめた」というものだと思います。

上達ゴルファーは内容が良くないときでもスコアを作ります。これはスコアをまとめる技術を持っていることにつながります。内容が良くてスコアが悪いときの特徴は「ショットが良くてショートゲームが良くない」を意味します。

パー4をナイスショット連発で2オンして3mのバーディチャンス。パットは惜しくも入らずにパー。これは内容が良いプレーです。反対にティショットがトラブル、セカンドでグリーンまで20ヤードに持っていくのが精一杯、アプローチで2m残る。それを入れてもパーです。このプレーは内容は良くないが、耐えたゴルフです。

実はこの「内容が悪くてもスコアがよい」というプレーができないと平均スコアは上がりません。つまり上級ゴルファーに入るには内容が良くないときに我慢し、大叩きしないスコアマネジメントが重要になります。

32 攻撃的なプレーとは？

狭いホールのティショットで勇気を持ってドライバーをフルスイングします。一見攻撃的です。見事にフェアウェイセンターをとらえ、残り150ヤードを140ヤードのクラブでフルスイング。これも攻撃的に感じます。しかし、もし皆さんが、このようなプレーをしているとしたら、残念ながら上級ゴルファーではありません。

プロの攻撃的プレーとはグリーンに対してショートしないショットを放つことです。カップに対してはショートしないパットやアプローチを意味します。

故に、ティショットをリスク回避で3W、残り160ヤードを170ヤードのクラブでコントロールする。これは攻撃的プレーです。フルショットでピンまで打てれば、もちろん攻撃的プレーです。

つまりカップインの可能性があることが攻撃的プレーなのです。

ドライバーでフルスイングしてもカップインしません。ロングで2オンの可能性があればそれを実行することは攻撃的プレーといえるかも知れませんが、アイアンでグリーンオーバーしてしまうようなショットと同様、場合によっては無謀なプレーにもなります。停滞ゴルファーは攻撃的と無謀の区別がつかない特徴を持っています。何が攻撃的なプレーかを冷静に判断していって欲しいのです。

大切なことはリスクも考えながら攻撃することで、平均値を上げることだと伝えます。

33 「打てるボール」でプレーする

上級ゴルファーの特徴は、現実的に可能なボールでプレーすることです。対して停滞ゴルファーは希望的ボールでプレーしたがります。そのボールが上手く打てないと、「どうしたら打てるか?」に興味が進み、魔法を探します。

「打てるボール」と「打ちたいボール」は必ずしも一致しません。この現実を理解して「打てるボール」を選択することが上達ゴルファーの条件になります。

「打ちたいボール」と「打てるボール」が一致している場合は、当然そのボールでプレーします。「打ちたいボール」と「打てるボール」が異なる場合は、「打てるボール」でプレーすることが大切です。停滞ゴルファーはこの判断能力のレベルが低いために「打ちたいボールの方法」を探す傾向にあることを理解してください。

例えば上級ゴルファーはアプローチで使いたいクラブはSWであったとしても、ライが良くないのでSWは使えないと判断し、9番しか使えない場合、ファーストバンドを手前に落としてランニング的に攻めるようにします。一方、停滞ゴルファーが無理にSWを使い、グリーンにも乗らない光景を私は数多く見てきました。

常に「打てるボールでプレーする」ことを行って欲しいと思います。

第5章 練習技術

この章は、効率的な練習をするために考えなければならないことや、目的などを明確にするためのメッセージになります。自分を冷静に分析することから始め、無駄な練習を少なくしながら、レベルアップを目指して欲しいと思います。

1　自分を知る

ゴルフが上達する上での絶対条件。それは「自分を知る技術」です。

自分が見られないものは、唯一、自分自身です。

現在はビデオの進化や普及によって、一昔前よりも自分の映像を見やすくなりましたが、皆さんはただ見るのとは少し違った見方を覚えてください。映像を使うとき、必ず「自分の感覚とつなげること」です。

私がカメラを使うときは基本的に1球を撮影して、本人に「今の感覚を思い出してください」とアドバイスします。なぜか？　それは「見えない自分の実際の形」と自分の感覚を比べるためです。

「自分はこんなふうに振っている」、そしてビデオでは「こう振っている」。スイングの感覚と実際の形をイメージにして比べてみることです。そしてその実際の形と感覚の違いを理解するためには、１球で判断する必要があります。

自分がしているつもりと実際が一致しているわけではありません。だからカメラを使うときは、必ず感覚と映像を合わせることが自分を知るうえで非常に重要です。

スコアも分析することによって「私は何が得意で何が課題なのか?」を知る方法を伝えます。スイングにしてもスコアにしても、記録することで本当の自分が見えてくるのです。実践することが上達への道です。

2　3分割分析法

ゴルフ雑誌でも紹介されたことがある、私が考案した「スコア3分割記入法」を紹介します。これは、4人分が記入できる1枚のスコアカードを1人で使います。

最初の欄にはそのホールの「スコア」を記入します。これは通常の記入法でOKです。

次の欄には「ペナルティスコア」を記入します。具体的に説明すると、OBですが、打ち直したときはペナルティ1で、ローカルルールの前進4打の場合はペナルティ2でカウントします。ウォーターハザードは1ペナルティ、アンプレアブルも1ペナカウントになります。

さらに次の欄には「ショートゲームスコア」を記入します。ショートゲームスコアとは、そのホールでの「パット&アプローチ&ガードバンカーの合計」です。アプローチは自分の感覚でシ

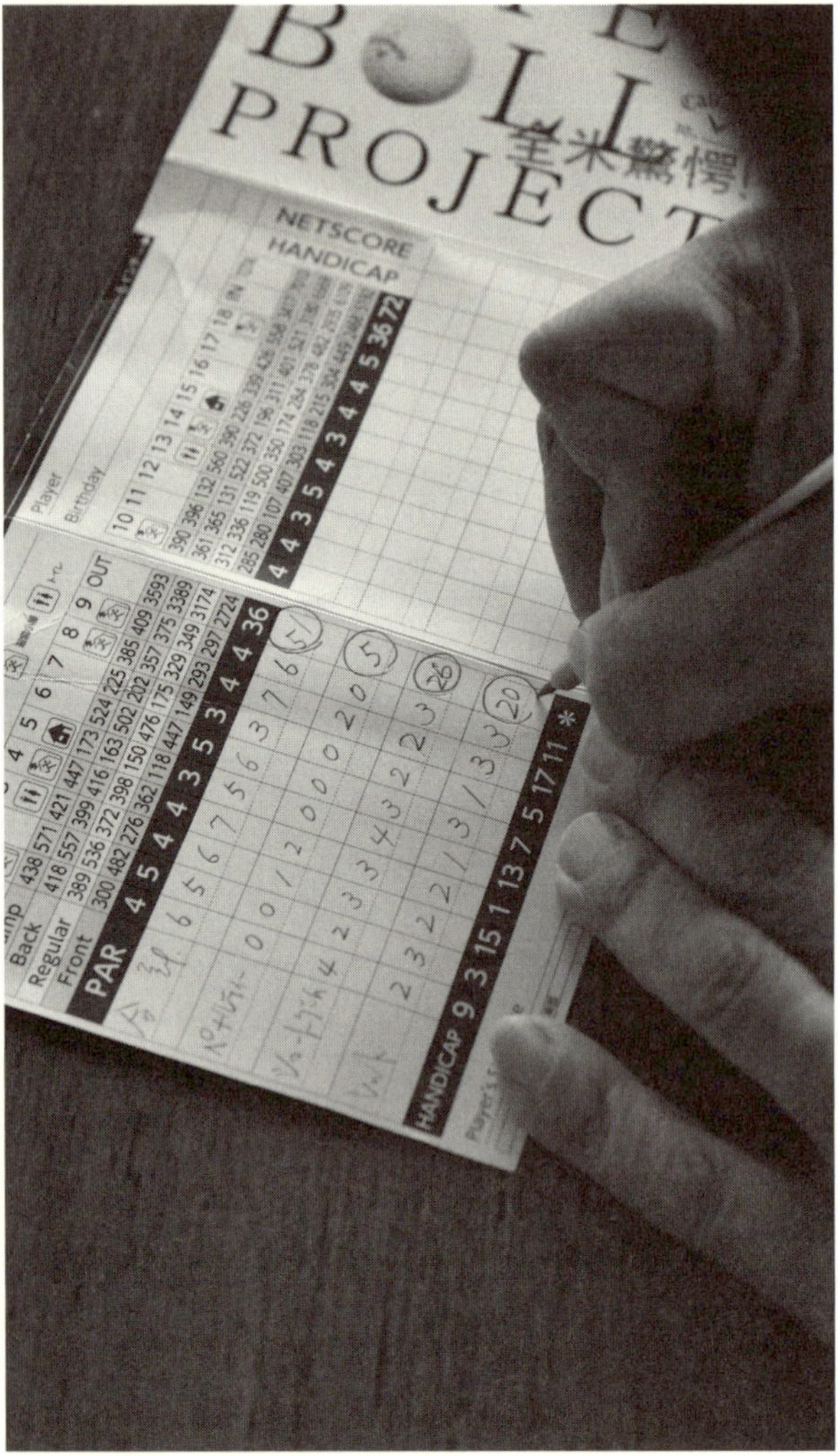

「スコア3分割記入法」は上の欄にスコア、次の欄にペナルティ、
さらにショートゲームスコア、最後にショット数を記入する。

ョットに近いか、アプローチに近いかを判断してください。例えば40ヤードならばショートゲームなどでOKです。

そして最後の欄にはショット数を記入します。ショット数は合計からショートゲームとペナルティを引いた合計になります。

こうして、各項目のホールずつの合計を出し、18ホールの合計も出します。

このような項目の3分割は、自分の得意項目や課題を数字として、理解しやすい記録法になります。

ペナルティスコアが多ければ、やらなくてもよい無駄な打数が多かったわけで、もっとOBやハザードに対して注意しなければならず、たとえミスをしてもそれを避けられるようにコースマネジメントする必要があったことになります。

またショートゲームスコアが多ければ、これは努力次第で減らせるわけですから、アプローチやパットをもっと上達する必要があることになります。

さらにショット数が多ければショットのミスが多かったわけで、もっと練習してショットをよくしなければいけません。

1ラウンドではなく10ラウンド集まれば、さらに合計や平均を出すことによって、自分の実力が理解できるはずです。実践して自分を分析してください。

自分をデータで分析することはとても勉強になります。さらに大切なことはこの「データ」をどのように活用するかになります。

3　3つの癖

ゴルファーの癖を検証します。

コースでプレーするときの癖には、良い癖や直したい癖などいろいろありますよね。「ロジカルゴルフ」では「癖」を3種類に分類します。

最初は「人間の癖」です。レッスンしていて、ほとんどの人にアドバイスする内容がここに該当します。私の設計図で判断すると「バックスイングが浅い」などが該当します。

他にもたくさんありますが、生徒の90％以上にアドバイスする内容が「人間の癖」です。

2番目の癖は「個人の癖」です。これは自分独自の癖になります。この内容の情報は、その人にしか効果がありません。

3番目の癖は「今日の癖」です。昨日できたことが今日はできないとか、その反対に今日はできるなど、日によっての体調や気温などの変化に左右される癖です。コースでプレーするときに「昨日の練習では良かったのに」と思うのは、この癖による可能性もあります。

つまり良いスイングで良いプレーをするということは、3つの癖を理解してコントロールする技術になります。

4　ゴルフの特徴

今から打つ1ストロークの注意ポイントを戦略的に決めます。アドレスまでのこと、スイングをスタートしてからのこと、そして、スイング後のことなど、いくつか注意ポイントをチェックします。そして、最後のスイング後のポイントを1つだけミスしました。たった1つですが、結果は0点になってしまうことがあります。これがゴルフの大きな特徴です。

例をあげましょう。スイングは思うようにできましたが、結果、右OBです。アドレスでのディレクションが右向きのためです。また、スイングはパーフェクトだったのに、クラブヘッドのトウにボールが当たり、プッシュスライスでバンカーに。これはアドレスがボールに遠かったためです。

ゴルフはたくさんの項目をクリアして結果につながりますが、たった1ポイントのミスで0点に近い結果が出てしまいます。3ポイントミスでも0点、1ポイントのミスでも0点に感じます。

上達ゴルファーになるためには同じ0点に見える1打を、冷静に分析できる能力が必要です。他はOKで、ここだけミス！　その結果が0点だったとしても、できた事柄を知り、修正ポイントを明確に自己評価することが大切です。

5　自分の資質を知る

上級ゴルファーは自分の得意分野を理解しています。

「パットが得意」「ドライバーが得意」「チップショットは得意」など、自分の武器を知ることが、スコアにこだわるプレーには重要です。

停滞ゴルファーの特徴は、他人と比べてしまうことです。特に飛距離とスコア。ショートホールなどでは番手にこだわります。一方、上級ゴルファーは「自分のプレー」に徹します。相手が7番アイアンで打っているショートホールを平然と5番アイアンを持てます。なぜでしょうか？

答えはスコアにこだわりを持っているからです。スコアにこだわるからこそ「自分のプレー」に徹します。何が得意で何が苦手（不得意）かを理解しています。実際のプレーでは自分の得意分野にボールを運ぶマネジメントをします。

パットが得意な人なら、距離が残ってもグリーンに乗せるために何をしたらいいかを考えます。得意分野に入れれば自分の土俵になりますから、人に差をつけられます。これも自分の得意、不得意を理解しているからこそ戦略が作りやすいのです。

すべてを一級品にしなくても、ゴルフは70台でプレーできることを理解してください。

6　メタボリックスコア

今日のプレーを振り返ります。それも自分の技術を使い、無駄だったスコアを振り返ります。

狭いホールでドライバーだと林やOBに入る危険があったのに、ドライバーで打ってOB。パー5のセカンドショットでアイアンで慎重に打つべきところをフェアウェイウッドで打ってペナルティ。

出すだけなら簡単だったのに、ピンを狙ったことで出なかったバンカーショット。ライが悪いのに、近いピンに寄せたいと思ってロブショットをしてザックリ。また、1パットで入れたいと思い、強く打ってしまって3パットなど。

自分の技術を使い、無駄だったスコアを分析します。18ホールで何打の無駄がありましたか？これをラウンド後に必ず調べます。

この無駄なスコアを「ロジカルゴルフ」では「メタボリックスコア」と呼んでいます。ダイエットと同じで、不要なスコアを削り取れば当然、スコアはアップします。そのためには「メタボスコア」の数と傾向を知り、対策をすることです。

7　限界スコア

プレーした今日の18ホールを振り返ります。そして、現実的に自分の技術を使い、減らせたスコアを戦略を含めて考えます。

例えばスコアが95だったとします。ＯＢなどのペナルティや1パットを狙った3パット、1回でオンしなかったアプローチなどを振り返ります。そして、自分の技術で現実に減らせたスコアをイメージします。魔法を使ったスコアではなく、現実的技術を使ってできるスコアを考えます。

そして、「ロジカルゴルフ」で言う、「限界スコア」を弾き出します。

95－現実的に減らせたスコア＝「限界スコア」

「限界スコア」は、実現可能なスコアです。今日のラウンドを振り返り、限界スコアをはじき出すことはとても大切です。「たら、れば」を言っても詮無いことと言いますが、忘れて良いものではありません。しっかり反省して、次のラウンドではやらないようにします。

毎ラウンド、考えてください。皆さんのゴルフは格段にレベルアップします。

8 メモの重要性

練習中やコースで、良い情報をつかんだと確信したとき、皆さんはどのようにしていますか？上手くなる人は「必ずメモ（記録）」をします。そうでない人は記憶に残そうとする特徴があります。私が生徒たちに必ずアドバイスする内容が、この「メモを取る習慣」です。

実際に実践する人は非常に少なく感じます。レッスンしているときと同じ表現をしたいと思います。

「重要なことはメモしましょう」「一番あてにならないのが自分の記憶です」「忘れる3要素は？」「寝ると忘れる、食べると忘れる、3歩、歩くと忘れます」と言います。

半分は冗談ですが、人間は本当によく忘れます。ゴルフはたくさんの細かい情報を整理して、尚かつ練習で体得することが必要になります。だから記録が大切になります。

実際に私の「メモを取る重要性」をテーマにした記事が、ゴルフ雑誌2社で取り上げられました。

現在の素晴らしい生徒のうちの1人が「メモ実践」を続け、6ヶ月でハンデ10から5になった実績があります。「上手くなるなら実行する」のではなく、「上手くなりたい」のなら実行すべき事柄、それが「メモ」です。

9　練習の心構え

一般的に皆さんが欲しい情報は「上手くいく情報」ではないでしょうか？

では、ゴルフにおける「情報」を考えてみましょう。

情報のスタートは1つの情報を判断することからになります。その後に「その情報を取り入れるか？」を決めます。ここまでは皆さんも実行しているのではないでしょうか？

しかしその後の「その情報をやってみた」あとが、上手くなるゴルファーとそうでないゴルファーの違いが出ます。上手くならないゴルファーはその情報を「1度練習して上手くいかない」と別の情報を探し求めます。それは私にすれば「魔法」を探すことになります。

私の体験では「これだ！」と決めた情報は、体得するまで練習することです。それまでは何回も失敗します。1度で上手くいくことなどありえません。ところが皆さんの多くは、次から次へと新しい情報を欲しがります。

結論になりますが、「上手くいく方法と判断したら、上手くいくまで練習する」、それが上達への心構えになります。

10 逆のウイルスを理解する

「練習の目的は?」と尋ねると、ほとんど人が「ナイスショットできる自分を作りたいです」と答えます。

ここで考え方の確認です。スイング部品で、できることは「~のミスを防ぐ」のみ! です。

再び練習場に舞台を移します。「ダフリを防ぐスイング部品」を練習しているとしましょう。実際にスイングして、結果は「トップ」のミスが出たとします。そのときに、この事実をどのように考えるかが大切です。

「目的がダフリを防ぐこと」だから「トップはOK」と考えることができれば、上級ゴルファーの資質十分です。停滞期にいる人はダフリを防いでいるにもかかわらず「トップしてしまうと、なんでトップするのだろうか?」と悔しがります。同じ結果をどのように解釈するかで上達でき

バックスイングで腰と肩を深く引くことは万能のミス防止薬だ。

るかどうかが変わってしまいます。

逆のミスを受け入れられない人は「1ポイントのナイスショット」を求めています。しかし、それは簡単にはできないことを知ることです。逆のミスが出て当然なのです。次にその逆のミスを防止して、両方のミスが出ないようにすれば良いわけです。それがナイスショットを作る方法なのです。スイングの練習をするときは、このことをしっかりと理解する必要があります。

私はミスショットの原因を「ウイルス」と呼んでいます。ダフリを防ぐとトップのウイルスに冒されます。スライス防止はフックのウイルスに冒されます。そのように防いだ反対の「ウイルス」がついてくることを理解してください。

11 「実験」からの判断

練習するときはどんなことを目的にしていますか？

ナイスショットをすること？　良いスイングをすること？　いろいろだと思います。

私の練習の目的は「実験」です。つまり自分がやってみたい情報を試すということです。

私はすべての情報を疑うところからスタートしました。「YES」か「NO」かの判断をするために「実験」を続けました。

では一般アマはどのような目的で練習しているのでしょうか？　ほとんどの人が「出るボールのみを確認している」のです。自分がどのようになっているか？　とか、クラブフェースのどこにヒットしているか？　とかではなく、「出るボール」です。だからナイスショットが出ると「よし、わかったぞ」って思うのですが、そこに理由は存在しません。私が生徒たちにレッスンしている重要な内容は、「今の結果の理由を確認してください」です。

だから、トーマスエジソンのように何回も実験しながら、「原因と結果」がつながっていくのです。

12 技術のレベル

今回は技術のレベルを判断する基準をお伝えします。

レベル1　わかった、理解した

レベル2　練習場でできた
レベル3　コースでできた
レベル4　試合的状況でできた
レベル5　緊張下でできた

1つの技術のレベルは現在1～5のどこにあるかを判断してください。

レベル2と3に少し高いハードルがあることを理解してください。例えば皆さんが「ダウンの右手」を練習したとします。今までできなかったことができてきました。この段階で、このスイング部品はレベル2です。そしてコースで「できるかな?」という気持ちでトライします。

このように1つ1つの技術をチェックするのです。すると自分が何をどのレベルで練習したらいいか?　が明確になります。

13　1球のジャッジ能力

今回のテーマは「自分が打った1球を分析し、判断すること」です。

プロは滅多に同じミスを2回連続でしません。理由は1球のジャッジが働き、次は修正するからです。このような内容を皆さんにアドバイスすると、必ず「そんな難しいことはできません」と返ってきますが、実はこれができないとシングルプレーヤー以上になることはあきらめなくてはいけません。80台でプレーするのなら必要ないかもしれませんが、それ以上のレベルでは絶対に必要な能力です。

具体的には3つあります。

①自分の体の動き

②クラブの動き

③インパクトを感じること

この3ポイントを意識してください。ここでも人間本来が持っている「意識」の武器を活用するのです。不可能と思っても結構できます。

練習場からこの課題を持って実践してみてください。量を重ねるごとにレベルアップしている自分を感じられるはずです。

14　現実と感覚のギャップ

自分の姿が自分では見えないことを再確認します。

練習時に皆さんが「〜を注意しているつもりでスイングしています」と言い、実際にそうしたとします。しかしその結果は、自分が思っている形になっているかといえば、なっていることは非常に少ないのです。

というのは、ビデオカメラなどを使って撮影し、それを見せると皆さんびっくりすることが多いのです。

プレーヤーのセンサーは「感覚」ですが、必ずしも「していると思っていることと、実際にしていることは一致しない」ことを理解してください。実際のスイングレッスンではこのように伝えます。

「アドレスとトップで頭の高さを同じにする（位置を変わらないようにする）」。これが生徒の実際にしたいことです。生徒はそれを意識して行い、できていると思います。しかし、実際はバックスイングで浮き上がってしまう癖があるため、できてはいません。

ですからそのことを伝えた上で「トップで頭を低くする感じでやってみてください」と言いま

す。すると、頭の高さがトップでもアドレス時と同じになります。これが現実と感覚のギャップです。

アドレスラインにしても、本人は目標に向いているつもりでも右向きになっている。そういうことは一般のアマチュアに多く見られる錯覚です。ですから、「左を向いている感じでスクエアですよ」とアドバイスします。このあたりのことがゴルフを複雑にしている1つの原因です。

なので、自分ではできている感覚があっても。現実はできていないということが多々あるということをわきまえて、写真やビデオに撮ったり、コーチや友達に見てもらいましょう。

15 修正の近道

上手くなるには「ちょうど良く打ちたい感情を捨てること」です。

練習のときの技術も同じです。停滞期にいるプレーヤーはこの感情から抜け出せない状態にいます。なのでミスショットを修正するときは、ナイスショットを求めてはいけません。

例えば、スライスを修正しているのなら「フックＯＫ」で練習します。右向きのアドレスを修正したいのなら「左向き」でＯＫというように、反対のミスを受け入れることによって修正能力が身につきます。

「自分ではかなり直しているつもり」でも「実際にはさほど変わっていない」ことが多いということを理解してください。そこで、グリップにしてもアドレスにしてもすべての項目を、自分が修正したい状態を極端に実践することが「修正の近道」になります。

16 練習の優先順位

私のレッスン目的は、生徒を「ロジカルゴルファー」に育てることです。「ロジカルゴルファー」になることができれば「必ずレベルアップ」します。

「ロジカルゴルファー」になるにはたくさんの要素がありますが、「すべての事柄に優先順位をつけること」が不可欠です。たくさんの情報を整理することは「情報に優先順位をつけること」だと確信しています。ゴルファーの苦手なことは、「どの情報が大切で、どの情報が大切ではないか」を分ける作業です。これができる人は確実にレベルアップします。

例をあげましょう。よく出るスイング論です。

「バックスイングとダウンスイングと、どちらの優先度が高いか？」

どちらも大切ですが、私の場合はバックスイングが優先でダウンがあとになります。しかし、アマチュアの中にはダウンしか注意しない人がたくさんいます。

上手くなる人の考えを伝えます。

上級ゴルファーは「バックスイングが重要」といっても、そこだけできてもナイスショットにはならないことを理解しています。そこで、バックスイングをクリアしたら、ダウンスイングをチェックします。その理由はミスを最小限に抑え、さらにショットをよくすることができるからです。優先順位がつけられると良くない結果のときに焦らない感情を持てます。優先順位が「ナイスショットパターン」を生むからです。

最初にやるべきこと、次にすべきこと。2つ以上の情報をコンビネーションで練習するときは必ず「優先順位」が必要です。

17 1ランク上の練習

練習は必ず目的を持って行うことが上達の絶対条件です。とはいえ、多くのゴルファーが誤解している内容を伝えます。

それは「プロにはプロの内容があり、シングルにはシングルの内容がある」と思っていることです。つまり、レベルによって内容が変わると思っているわけですが、「ロジカルゴルフ」では、練習の内容にレベルの差はありません。

最終的に「このようにしたい」ということはレベルに関係なく、すべて同じということです。大切なことは今日、自分が練習する内容は現在の「1つ上の内容」だということです。

魔法を探している人は「1ランク上」ではなく、一気に不可能領域の結果を求めます。よく言われる「こつこつ努力する」とは、この少しだけ上の内容を練習することなのです。そして、その練習が上級プレーヤーの行っている内容につながっていることが非常に重要です。

飛距離アップを目指している場合は一気に50ヤードではなく、毎年10ヤード伸ばすことが現実的です。100でプレーしている人の成長レベルは一気に70台ではなく、まずは80台、そして85が切れてきて、70台を目指すことです。

そして大事なことは、その練習は、現在の内容の「精度」を高めるだけだということです。

18 意識と習慣

練習場でできても、なかなかコースで使えないのは「ガラスの技術」です。「意識」を持って何回も練習して、そのことが「習慣」のように当たり前になって、初めてコースで使える技術となります。

ゴルフに限らず、実践で使えるようになるには「熟練度」が必要です。

よくプロがスイング解説すると、あたかも簡単にできるように感じてしまうと思います。それは何ポイントもあるチェック項目を練習で「習慣」にしてしまったからです。なので、今、注意していることしかコメントには出てこないのです。

よって、プロの言葉をそのままアマチュアが実践しても、良い結果になることはなかなかありません。そのコメント以外の隠れた「習慣」になっていることまで実践しないと、結果は出ないことを理解することが大切です。

一般アマチュアは練習量が少ない分、たくさんのチェックポイントをこなさなくては「ナイスショット」になりません。練習の目的の1つは「意識」してできるようになったことを、「習慣」にすることです。

19 暗譜レベル

スイングで「意識の武器を使わないでコントロールする」とはどういうことだと思いますか?

私のイメージは「暗譜でピアノを演奏するレベル」です。

簡単な曲なら譜面を見ないで演奏できます。ところがショパンやリストを暗譜で演奏するには、かなり上級レベルの人が猛練習をして初めて可能なレベルです。

それをスイングに当てはめましょう。グリップやアドレスなどは動いていない状態なので、「暗譜レベル」は可能だと思います。しかし、ドローやフェードを意識して打ちたいときはやはり「意識」を使い、体をコントロールしなければなりません。バックスイングやダウンスイングを意識しないでスイングすることは私には考えられません。

他にも高い球や低い球、様々なアプローチなど実際のスイングは「意識」を使わなければ上手くは打てません。コースマネジメントなどのスイング以外の事柄も、「意識」を使わなければ良いプレーは望めないと思います。

練習量が少ない一般のアマチュアはもちろん、上級者やプロを含めて、ゴルフは音楽のように「暗譜レベル」にはならないということなのです。たとえなったとしても状況の変化に対応するために「意識」が必要です。「譜面を見ながら演奏できるレベルで十分だ」ということです。意識の使い方が結果を作ることを勉強してください。

20　判定法を探す

練習時を思い出してください。「〜を注意して練習しているとき」のことです。

そうした各自の練習目的に対して、「ＹＥＳパターン」と「ＮＯパターン」の明確な判断基準を見つけることが重要です。

停滞ゴルファーは、結果が良いと自分の課題をＯＫと判断し、良くないときはＮＯと判断する傾向にあります。そうではなく、レベルアップするためには打たれたボールの良し悪しではなく、自分の行ったことの良し悪しを明確に判断する基準を持つことです。

スイング練習時にバックスイングで上体が背中側にスエーしてミスショットをしたとします。このとき単に結果が悪かったというだけでなく、「スエーしたときはどうなる」、「スエーしないときはどうなる」と明確な判断基準を探すことが修正能力につながることを理解してください。

結果が良くないときでも、「1スイングの中でOK部品とNO部品を判断する」ことが上達の条件になります。「YES、NOの判定基準」を明確にすることを意識してください。

21　同じミスからの脱出

上達ゴルファーと停滞ゴルファーの違いになります。

「同じミスから何回で抜け出すことができるか?」

表現を変えましょう。上達ゴルファーでもたくさんのミスをしますが、同じミスを少ない回数でしなくなる特徴があります。対して停滞ゴルファーは同じミスを限りなく繰り返し、停滞する特徴があります。

上達ゴルファーは「この方法をすると、このようなミスになる」ということがわかっています。たとえ、上手くいきそうな感じがしても結果を冷静に判断します。感情的に上手く行きそうな方法でも、実際に上手く行かなければ、それは上手く行かない方法だと判断します。

一方、停滞ゴルファーは「上手く行きそうな感情に負ける」ということが起こります。その結果、同じミスを何回も繰り返します。「今度こそ今度こそ」とミスを続け、数年が過ぎてしまいます。

上達するにはたくさんのミスを経験することも必要ですが、違うミスを経験することが、自分の正解を作るうえでの「高速道路」になります。

上達ゴルファーは同じミスをしたときに「〜をすると、このミスになる」と勉強ができ、記憶されます。結果、そのミスが出たとしても誰よりも早く修正できる技術が身につきます。こうしてミスを脱出できるようになります。

22 「違う失敗」をする

レベルアップする道のりは、多くの失敗を経験することにあります。

多くのゴルファーが停滞する理由は「失敗することを恐れる感情」にあります。レッスンを受けるゴルファーのほとんどが、この感情的理由からアドバイスを求めます。「間違ったことをしたくない」、「上手くいく方法を勉強したい」などです。しかし、上手くなるゴルファーは「私はたくさん失敗します」と失敗を怖れません。たくさん失敗するわけで、敢えて失敗すると言ってもよいでしょう。

しかし、その失敗が上級ゴルファーの場合、停滞ゴルファーとは違うのです。上手くなるゴルファーはいろいろな失敗を経験します。つまり1つの失敗を犯したときに、次は「違う失敗」をします。それは違うことにチャレンジするということです。

停滞ゴルファーは同じ失敗を永遠に繰り返し、上達ゴルファーは「違う失敗」を経験しながら、経験値を高めて修正できるようにするわけです。

「違う失敗」を修正しながら、失敗の意味を理解します。つまり、同じ失敗を繰り返すことから早く抜け出すために、そのミスの原因を理論的に理解するわけです。そのことがレベルアップの速度に関係してくるわけです。

23 どの方法で上手くなるか？

ゴルフ界にはたくさんの情報が存在します。

一般ゴルファーが知りたい情報は「上手くなる方法」ですが、それよりも大切なことがあります。それは「どの方法で上手くなるか？」を決めることです。

効率の良い情報は存在しますが、上達するには「練習による体得」に尽きます。「方法」を決めたら、上手くできなくとも練習を続けることです。すぐに諦めたり、飽きてはいけません。できるまで練習しましょう。

上手い人のコメントや情報は、練習によって体得した後のものだと理解してください。当然1回や2回の練習では体得不可能です。すぐに上手くできると思っているうちはまだまだ停滞ゴルファーから脱出できません。体得するまでには練習が必要だと肝に銘じてください。

上達するには上達するまで練習することに尽きます。

24 練習課題を明確に！

皆さんは練習するときに何を目的にしていますか？　考えてください。

ただ上手く打ちたいと思ってボールを打ち続けてはいませんか？　ミスが出るたびにそれをなくそうと闇雲に打ってはいませんか？　また1つのクラブでナイスショットが少し出たら、もうOKと思って違うクラブで打ちませんか？　こうした漠然とした練習をしているうちはなかなか上達できません。

上達ゴルファーは練習をするとき、自分の課題を明確にしてボールを打ちます。前回のラウンドで失敗したことをテーマにしてもいいでしょう。これまで積み上げてきたことで気になっていることでもよいでしょう。具体的なテーマを持つことです。それも細かいところをテーマにすると、より具体的になります。

例えば、スイングに関してなら、「～を注意して、～のミスを防ぐ」「ディレクション感覚を鍛えよう」「アドレスに入るまでのルーティン」などです。このような具体的なテーマを自分に与えて、それに集中して練習します。

上達ゴルファーになるには具体的練習課題をクリアする必要があります。停滞ゴルファーに見られる傾向は明確な課題がなく「結果的課題のナイスショット」を望む特徴を伝えます。

25 「自分の癖」を知る

生徒たちのコメントです。

「また、同じことを言われた」「3年前と同じことを言われた」

これはスイングに関して、またコースプレーでのアドバイスなどです。

なぜ、同じことを指摘されるのでしょう。「ミスを克服していないから」「練習していないから」「上達していないから」と思うでしょう。しかし、実際は少し違うのです。「自分の癖」を知っていないということです。

同じことを指摘されるのは、それがあなたの癖だからなのです。それも良い癖でなく悪い癖です。悪い癖が身についてしまったといってもいい。だから同じミスを繰り返してしまうわけです。なので、「自分の癖」を知り、その癖を直す必要があります。そうなれば自然に練習の目的が明確になります。進歩できるというわけです。

自分の「悪い癖」を1つ、また1つとこつこつ直して上達していく。

停滞ゴルファーの特徴は違う内容を次々に習いたいと思ってしまうことです。そうではなく、1回のレッスンで最低1ポイント、多くても2ポイント、「自分の癖」を直すのです。それを練習でクリアしていきます。そして、それがクリアできても次の練習ではまた同じ癖が出てしまうことは多々あります。癖ですから、そうは簡単に直せません。何度も練習して癖を直す必要があります。こうして、1つ、また1つと「自分の癖」を直すのです。

上達は一朝一夕にはできません。こつこつと「自分の癖」を直して少しずつ上達していけばよいわけです。

26 練習と運動

練習と運動の違いを検証します。

練習には目的が存在します。対して運動はカロリーの消費だけになります。具体的な内容でお伝えします。

練習場であれば「スライスを防ぐために、体のこの動きを覚えよう」。これは練習です。コースであれば「今日はつま先下がりをこの方法で実験しよう」。これも練習になります。

対して練習場で「今日は気合を入れてドライバーを200球打つぞ」。これには具体的目的がないので、運動になります。コースならば「とにかく万振りして飛ばそう」は運動です。

レベルアップするためには工夫した練習が必要です。よくある情報を試すだけではなく、その情報の意味を理解することが非常に大切です。

停滞ゴルファーの特徴は考えないゴルフで100点を求めることです。ゴルフに限らずその分野で上位にいる人は決まって「細かく考える」特徴を持っています。

何も考えなくて72のスコアでプレーすることは不可能だと断言します。目的を明確にして、何を考えながら練習すべきかを決めた練習が上達の近道になります。

27 スイング部品のネジを締める

ナイスショット練習を課題にしているときの感覚です。この練習では、最重要1ポイントを注意してスイングします。

まずはジャストミート系ナイスショットを最重要ポイントに置いた場合です。スイングした結果、トップボールが出たとします。そうしたら、次のボールで「トップ防止部品」を強調してスイングします。「トップ防止部品」のネジを締めるわけです。こうしてもしも「ダフリ」が出たら、今度は「ダフリ防止部品」を締めます。こうしてジャストミートできるまでネジを締めていきます。

次にストレート系のナイスショットを最重要ポイントにおいた場合です。大きな曲がりのスライスが出ているのなら、「スライス防止部品」を強調してショットします。出なくなるまでネジを締めます。これで「フック」が出ても構いません。次に「フック防止部品」のネジを締めてスイングすれば良いわけです。こうしてなるべくストレートに飛ばせるようにします。

続いて発射ライン系ナイスショットです。結果、プルが出たら、次は「プル防止部品」を強調します。結果「プッシュ」となっても構いません。さらに「プッシュ防止部品」を締めてスイングすればよいわけです。この作業を繰り返して目標に発射できるようにすればよいわけです。

練習ではこのように、1ポイント、2ポイント、3ポイントとチェック項目が増えていきます。3ポイントの注意が今日の練習と決まったら、1球ごとに3ポイントの部品のネジを締める感覚でボールを打ちます。

最初はAポイント、次はAを注意しながらB、AとBができたら次はCといった具合にやっていきます。出るボールとスイングの感覚をつなげながら、足りない部品のネジを締めます。1球ごとに部品のネジを締めて、今日のショットの最高に近づけることが明日のレベルアップにつながります。

28　平均値と最大値と最小値

レベルアップに欠かせない技術が「自己評価能力」です。

停滞ゴルファーの特徴は最大値で自分の技術を計る傾向があります。年間のベストスコアを基準に考え、「今日は調子が悪い」とコメントする特徴があります。そうではなく、プロを含めて自分の技術を3段階に分ける必要があります。

それは自分の「最大値と平均値と最小値」です。この3種類のレベルを自覚することがレベルアップに重要になります。最大値だけではいけないということです。最大値の他に、平均値と最小値も自覚していなければならないわけです。

そしてその3種類のレベルには幅が存在するという特徴を伝えます。

「ステディな選手」とは3段階に差が少ない選手を指します。逆に3段階に幅のある選手は優勝することもありますが、予選落ちもあり、安定感がありません。

18ホール以上の競技では平均値レベルが実力になります。18ホールで良いスコアを出せても、72ホール通算の結果がプロは求められます。つまり平均値です。大きな大会で、強い選手は平均値が高く、最終日に追い込めます。

一般のアマチュアが取り組む課題は、18ホールの組み立てを考え、18ホールの平均値を上げることです。

最大値は自分の潜在能力、平均値は実力、最小値は練習課題を教えてくれるのです。そのことを最後に伝えておきます。

29 距離感は「コピー機能」の基準で

レッスン活動の中、ある生徒からの質問です。

「距離感はどうやって作るか教えてください」

永遠のテーマになりますが、練習法を伝えます。

一定のクラブと一定のバックスイングポジションからスイングします。

仮にロフト52度のウェッジとしましょう。

そのときのキャリーを知ることからスタートします。

仮に自分の「コピーが機能する」トップ、つまりいつも同じところに上げられるトップからのスイングで、50ヤードがキャリーということが確認できたとします。その場合は、いつもその50ヤードを基準に練習するわけです。

そして実際に例えば45ヤードの距離であれば50ヤードより小さいバックスイングから打つことになり、60ヤードだったら50ヤードより大きなバックスイング（フルトップ）になります。方法は人それぞれですが、一つの基準を持つことが重要になります。停滞ゴルファーは基準の距離感を持っていません。上級ゴルファーは必ず持っています。ショットにしてもアプローチにしてもパットにしても持っています。

一つの基準を作り、プラス、マイナスを使い、たくさんの距離感を覚えることが練習テーマになりますが、基準の距離感を1つ作ることが無限の可能性につながります。

30 「予習」＝ラウンドの課題を決める

明日のラウンドでの課題を決めることが「予習」になります。上級ゴルファーは必ず課題を「予習」して本番のラウンドを行います。

例えばアドレスやスイングであれば、「ルーティンを一定にすること」や「トップを防ぐスイング部品を必ず実行する」など、自分がこれまできちんとできていなかったスイングでの課題を「予習」してラウンドに臨むわけです。

停滞ゴルファーはそうした具体的な「予習」はせず、ただ「ナイスショットが打ちたい」と思ってプレーします。

また、上級ゴルファーは、過去にプレーしたことがあるコースなら、そのときにミスしたことやできなかったことを課題にして「予習」しておきます。例えば「何番ホールでこのミスだけはしない」「それをこの戦略で実行する」と「予習」しておくわけです。

しかし、停滞ゴルファーは「このミスをしないこと」は決めても、具体的な戦略がなく、気合のみでプレーすることが多いのです。

「予習」で大切なことは、明日のプレーの「決め事と戦略」を準備することにあります。よって、

ナイスショットは漠然と望まず、このミスだけはしない素振りで確認して打つ。

「予習」はレベルアップするためのラウンド技術になります。

31 「復習」＝ラウンドを必ず振り返る

ゴルフにおける「復習」は、ずばり反省です。練習でもコースでも、私は「予習」よりも「復習」が大切だと感じます。今日のラウンドの復習をしましょう。

現実のラウンドが95のスコアだとします。このラウンドを振り返ります。そして自分の技術&戦略を振り返り、現実的に減らせた1打を振り返ります。

「SWでトップしたアプローチをパターで行っていたら」「フェアウェイバンカーから5Wではなくて5番アイアンを持っていたら」「あの1打のアドレスディレクションをもう少し丁寧にしていれば」と1つ1つミスを思い出していきます。

こうして今日の自分のプレーを冷静に見つめること、それがとても大切です。自分の技術を現実的に見つめることが重要なのです。

それを忘れずに次回のラウンドの「予習」につなげ、修正することが「復習」です。

32 練習課題を見つける技術

上達ゴルファーはなぜ、上達するのでしょうか？

結論は「自分の修正課題を探すこと」ができるからです。自分を判断するのですから過信評価せず、冷静にドライに分析することが求められます。その中で自分の環境や練習量、目標などを検討して何からすべきか？

その意味を理解して取り組みます。停滞ゴルファーは課題自体を見つけられずにお決まりの「魔法」に走ります。課題を探すことができれば、あとは練習によって体得するのみです。

自分が修正可能な項目から練習すれば少しずつレベルアップしますが、課題自体がわからなければ練習ではなく、「運動」になります。自分のコーチと相談しながら見つけることを勧めます。必ず明確な理由を理解して練習することも伝えます。

33 自分の得意分野を知る

皆さんが得意な項目は何でしょうか？　ドライバーの飛距離？　アイアンショット？　アプローチ？　パット？

得意な技術やクラブを知ることは良いプレーをするうえで戦略的にとても有効になります。例えば自分はパットが得意とします。すると戦略はグリーンまでの打数を少なくすることで、そして無理してピンを狙う必要はありません。つまり1パットの射程圏が長いことを武器にすればリスクも減らせます。

アプローチが得意な人はティショットでOBなどのペナルティを避け、グリーンを狙うショットも少ないプレッシャーで打てます。「乗らなくても寄せられる」と思えるからです。結果、良いショットにつながります。

すべての項目をレベルアップすることは重要ですが、得意分野を理解してプレーの戦略を作ることが自分のプレースタイルを作るうえで重要なことになります。

34 自分のスタイルを作る

ゴルフは1人1人、皆、体格も性格も生活環境も練習量もキャリアも違います。上級ゴルファーになるための最終形は「自分のスタイル」を作ることに尽きます。スイングにしても距離にしても戦略にしても、自分のスタイルができるかどうかです。そして、他人のプレーに左右されないことが条件になります。

私は延べ2万人以上のレッスンを行ってきましたが、似ているスタイルの人はいますが、1人として同じ人はいません。皆、長所と短所を持っています。それぞれの人が長所をさらに伸ばし、短所を補いながら少しずつ自分のスタイルができてきます。

持ち球にしても、ある人はドローで、ある人はフェード、とまったく違うゴルファーに成長していきます。同じ内容をアドバイスしても皆、違うゴルファーに育っていきます。

ゴルフは生涯レベルアップしていくスポーツです。たとえスコアや飛距離が衰えてきても、思考的には成長し続けます。ゴルフと出会ったことが皆さんの人生の楽しみになり、素晴らしい人生を送る1つの生き甲斐になることを信じています。

ゴルフを好きになり、楽しむことが上達するためには最も大切。

おわりに
この本に書いているメッセージと異なる自分のメッセージが入るように

『ロジカルゴルフ　スコアアップの方程式』を最後まで読んでいただき、心から感謝します。

ゴルフは年齢や性別に関係なく、誰でも上手くなることが可能です。60歳を過ぎてから人生最高の飛距離を体得し、ベストスコアを更新したアマチュアゴルファーを数多く見てきました。他のスポーツではあり得ないことだと感じます。

ゴルフという競技が持つ特性、監督と選手を1人でこなす。この監督の部分が「考える練習とプレー」につながります。つまり、自分で自分をコントロールすることが重要な技術になります。

思考領域はエンドレスに進化します。59歳のトム・ワトソンがメジャーの全英オープンでプレーオフにまで進みました。他の競技ではありえないことと思います。身体的な衰えを、考えることでカバーできるのがゴルフです。

皆さんには無限の可能性があります。焦らずに地味な練習を無理なく続けてください。もちろん考えながらです。そうすれば、練習が楽しくなり、上手くなった自分が見えてくると信じます。

上達することはプレーヤー自身が「上達ゴルファーになること」が不可欠です。コーチの役割は選手の能力を引き出すだけです。そのために情報伝達能力や練習方法などが問われます。プレーヤーは自分自身で情報を判断し、選択してください。正解がないゴルフに自分の正解を作ることが大切です。

この1冊で伝えている137のメッセージを、読み終わった今から3ヶ月以後に再読して欲しいと願います。そのときにこの137のメッセージが違ったものに思えたら、皆さんがレベルアップしている事実を保証します。初めて読んだときには気にならなかったことが、2回目に読んだら気にかかる。3回めにはさらに別なところが気にかかる。それは常に上達しているという証しです。この本を通じて何度もお会いできることを楽しみにしています。

最後に出版に協力していただいた日本経済新聞出版社の白石賢さん、特に編集においては『書斎のゴルフ』の編集長の本條強さんに多大な協力をいただいたことを、この場を借りて御礼申し上げると共に心より感謝いたします。

２０１２年３月

尾林弘太郎

本書は日経プレミアシリーズのために書き下ろされたものです。

尾林弘太郎

おばやし・こうたろう

レッスンプロ。1962年東京都生まれ。16歳からゴルフを始め、22歳でレッスン活動をスタート。ジャンボ尾崎や中島常幸を育てた後藤修氏に師事し、延べ2万人を超えるゴルファーにレッスンを行ってきた。トップアマの和田貴之氏の指導をする他、これまでに多くのアマチュアをシングル入りさせている。

日経プレミアシリーズ｜156

ロジカルゴルフ

二〇一二年四月九日　一刷

著者　尾林弘太郎

発行者　斎田久夫

発行所　日本経済新聞出版社

http://www.nikkeibook.com/

東京都千代田区大手町一―三―七　〒一〇〇―八〇六六

電話（〇三）三二七〇―〇二五一（代）

装幀　ベターデイズ

印刷・製本　凸版印刷株式会社

ISBN 978-4-532-26156-6　Printed in Japan